역사탐정 시리즈

고대그리스 이야기

역사탐정 시리즈

고대그리스 이야기

글쓴이 | 필립 아르다흐
그린이 | 콜린 킹
옮긴이 | 승영조

역사탐정 시리즈
고대 그리스 이야기
초판 1쇄 펴냄 2002년 1월 24일
초판 3쇄 펴냄 2004년 11월 8일
지은이 • 필립 아르다흐
그린이 • 콜린 킹
옮긴이 • 승영조
펴낸이 • 황승기
편　집 • 김선유, 오지현, 임순지
마케팅 • 송선경
펴낸곳 • 도서출판 승산
등록번호 • 제 16-1639
등록일자 • 1998년 4월 2일
주　소 • 서울특별시 강남구 역삼동 723번지 혜성빌딩 401호
전　화 • (02)568-6111　팩　스 • (02)568-6118
E-mail • seungsan21@hanmail.net　ISBN • 89-88907-23-X　74920
　　　　　　　　　　　　　　　　　ISBN • 89-88907-22-1　(전 4권)

이 책의 한국어판 저작권은 THE agency를 통해 Macmillan Children's Books와의
독점계약으로 도서출판 승산에 있습니다. 신저작권법에 의해 한국 내에서 보호를 받는
저작물이므로 무단 전재와 무단 복제를 금합니다.

Text copyright © Macmillan Children's Books 2000
Illustrations copyright © Colin King 2000
Border artwork by Sally Taylor
All rights reserved.
Translation right © Seung San Publishers 2002
Korean Language Edition published by arrangement with
Macmillan Children's Books limited, through THE agency, Seoul.

Opening page:British Museum, London/Michael Holford; Title page: British Museum, London, British Museum, London/Michael Holford, Ancient Art & Architecture Collection, British Museum, London; 10a: British Museum, London/Michael Holford; 10b: Ancient Art & Architecture Collection; 11a Capitoline Museum, Rome/E.T Archive; 11b: National Archaeological Museum, Naples/ E.T Archive; 13a: Dr. S. Coyne/Ancient Art & Architecture Collection; 13b: Roy Rainford/Robert Harding Picture Library; 15: Louvre, Paris/ Erich Lessing/AKG, London; 17: British Museum/Michael Holford; 19a & b: Ancient Art & Architecture Collection; 21a & b: Ancient Art & Architecture Collection; 23a: British Museum, London; 23b: Ancient Art & Architecture Collection; 25a & B: Ancient Art & Architecture Collection; 27a: Michael Holford; 27b: Ancient Art & Architecture Collection; 29a & b: Michael Holford; 31a: Robert Harding Picture Library; 31b: Ancient Art & Architecture Collection; 33a: Ancient Art & Architecture Collection; 33b: Scala; 35a: Hirmer Archiv; 35b: Ancient Art & Architecture Collection; 37a & b: British Museum, London; 38a & b: AKG, London; 39a & b: AKG, London; 40a & b: Ancient Art & Architecture Collection; 41a: Ancient art & Architecture Collection; 41b: Michael Holford; 42: Roy Rainford/Robert Harding Picture Library; Ancient Art & Architecture Collection; 43: Ancient Art & Architecture Collection, Michael Holford.

차 례

고대 그리스 시대	8
유명인물	10
아테네	12
고대 그리스의 신	14
신전, 종교, 축제	16
의사와 약	18
민주주의	20
육군과 해군	22
스포츠와 놀이	24
극장	26
조각, 음악, 시	28
농사와 먹을거리	30
장사와 무역	32
옷차림과 패션	34
어린이의 생활	36
트로이를 찾아서	38
과거를 발견하기	40
언제 어떤 일이 일어났을까?	42
탐정소설 : 극장 살인 사건	45-60
낱말풀이	61
찾아보기	62

고대 그리스의 시대

고대 그리스의 신은 초인이었다.

고대 그리스는 하나의 나라가 아니었다. 여러 섬에 여러 나라가 있었고, 본토에도 여러 나라가 있었다. 나라마다 법이 달랐고, 지배자나 정부도 달랐다. 이따금 공동의 적에 맞서서 하나로 뭉치기는 했지만, 대개는 서로 싸우기 일쑤였다.

최초의 그리스인

최초의 그리스인이 살았던 것은 약 4만 년 전이다. 하지만 집을 짓고 농사를 지으며 살기 시작한 것은 약 8천 년 전부터이다. 그리스 문명은 둘로 나눌 수 있다—남쪽 크레타 문명과 북쪽 본토의 미케네 문명으로. 맨 처음에 그리스인은 크레타 섬에 무리 지어 살았다. 크레타 문명은 기원전 2200년부터 크게 번성하다가 기원전 1450년경에 본토의 침입으로 멸망했다. 본토의 미케네 문명은 기원전 1600년부터 크게 번성하다가, 기원전 1100년경에 도리아인의 침입으로 멸망하였다. 크레타 문명과 미케네 문명을 합한 것을 에게 문명이라고 한다.

암흑시대

기원전 1100년경부터 800년경까지 300년 동안을 고대 그리스의 암흑시대라고 한다. 이때에 과거의 수많은 기술과 글쓰기조차 까맣

줄지어 심은 올리브 나무가 언덕을 뒤덮고 있다.

고대 그리스인이 살던 모습을 보여주는 도자기 그림.

게 잊어버렸기 때문이다. 그래서 무슨 일이 일어났는지 알려주는 기록이 하나도 없다.

고대시대

역사가들은 암흑시대 다음의 약 300년 동안을 고대(아르카이크) 시대라고 부른다(기원전 800~500년). 이때 고대 그리스 문명이 되살아났다. 또 이때에 폴리스라고 부르는 도시국가도 생겨났다. 폴리스로는 아테네, 스파르타, 테베, 코린토스, 아르고스 등이 있었다. 또한 이때에 이집트와 에스파냐, 시리아, 터키 등지에 교역소가 생겼고 식민지도 많이 생겼다. 오늘날 이탈리아와 시칠리아라고 부르는 곳에 수많은 식민지가 있었는데, 한때는 그 지역이 "더 위대한 그리스"라고 불렸다!

고전시대와 헬레니즘 시대

다음의 고전시대(기원전 480~336년)는 고대 그리스의 "황금시대"였다. 웅장한 도시와 신전이 세워졌는데, "고대 그리스"라고 하면 대개 이 시대를 가리킨다. 이 때에 아테네와 스파르타가 27년 전쟁을 벌이긴 했지만, 사람들은 부유하게 살았고 예술과 과학이 활짝 꽃을 피웠다. 이 시대 직후에 마케도니아의 알렉산드로스 대왕이 거대한 제국을 세우고, 고대 그리스의 땅까지 정복했다. 그래서 기원전 336년부터 기원전 30년까지 헬레니즘 시대가 펼쳐졌다. 이후 고대 그리스는 로마제국의 일부가 되고 말았다.

발견

위대한 시인 호메로스(영어 식으로는 호머)의 이 흉상은 조각가가 상상으로 만든 것이다. 호메로스가 죽은 지 오래된 후에 만들었기 때문이다. 마찬가지로, 호메로스는 트로이 전쟁이 끝난 지 400년쯤 지난 후, 그 전쟁 이야기를 상상해서 시로 썼다.

로마 시대의 이 모자이크 작품은 로마 병사가 아르키메데스를 죽이기 직전 모습을 보여준다. "시라쿠사"라는 도시에 살았던 아르키메데스는 로마 군대와 맞서 싸웠다. 시라쿠사를 공격한 로마의 장군 마르켈루스는 아르키메데스를 해칠 생각이 전혀 없었다. 그러나 아르키메데스의 얼굴을 알아보지 못한 로마 병사가 그를 죽이고 말았다.

유명 인물

고대 그리스의 초기 역사에 대해 우리가 알고 있는 것의 대부분은 호메로스가 전해준 것이다. 호메로스는 두 편의 서사시 〈일리아스〉와 〈오디세이아〉를 통해 트로이 전쟁 이야기를 우리에게 들려주었다. 그러나 그 이야기가 사실인지 꾸며낸 것인지, 사실과 상상이 반반씩 섞인 것인지는 알 수가 없다. 마찬가지로 호메로스라는 시인에 대해서도 우리는 거의 아는 게 없다. 호메로스는 기원전 9세기쯤에 살았고, 장님이었던 것으로 전해진다. 그의 이야기는 입에서 입으로 전해져서, 수세기가 흐른 후 비로소 글로 씌어졌다.

온갖 발명을 한 사람

발명가이자 수학자이고 천문학자였던 아르키메데스(기원전 약 287~212년)에 대해서는 확실히 알려진 사실이 많다. 그러나 호메로스와 마찬가지로 아르키메데스에 대한 전설도 많다. 그는 태양 빛을 반사시켜서 적의 배를 태워버리는 커다란 거울을 만들었다고 한다. 또 적의 배를 번쩍 들어올릴 수 있는 기중기도 만들었다고 한다(그 기중기는 거대한 야수의 발톱처럼 생겼다). 아르키메데스의 전설 가운데 가장 유명한 것은 "유레카(알아냈다)!" 이야기이다. 그는 벌거벗은 채 갑자기 목욕탕에서 뛰쳐나가 "유레카! 유레카!"하고 외치며 집까지 달려갔다고 한다. 이때 그는 부력의 원리(물체가 물에 잠기면 물에 잠긴 부분의 부피에 해당하는 물의 무게만큼 가벼워진다는 원리)를 발견했다.

위대한 생각을 한 사람들

고대 그리스에서는 위대한 철학자가 많이 태어났다. 소크라테스(기원전 약 469~399년)는 아테네에서 태어났다. 그때 대부분의 학자들은 자기 생각을 글로 썼는데, 소크라테스는 직접 얘기를 나누며 사람들을 가르치는 걸 더 좋아했다. 아테네 정부는 그의 "생각"이 아주 위험한 무기와 다름없다고 생각했다. 그래서 소크라테스는 사형 선고를 받았다. 그는 달아날 수도 있었지만, 순순히 독약을 마시고 죽었다.

플라톤(기원전 약429~347년)은 소크라테스의 제자 가운데 한 명이었다. 그는 소크라테스의 생각을 비난한 사람들의 잘못을 깨우쳐주기 위해 〈소크라테스의 변명〉이라는 책을 썼다. 그밖에도 훌륭한 여러 책을 썼고, "아카데미아"라고 불리는 유명한 학교를 세웠다. 그의 생각은 오늘날까지 온 세상 사람들에게 커다란 영향을 미치고 있다.

최초의 역사가

투키디데스(기원전 약 460~369년)는 최초의 참된 역사가로 알려져 있다. 아테네와 스파르타 사이의 전쟁인 〈펠로폰네소스 전쟁〉에 대한 그의 책은 인류 최초의 진짜 역사책으로 여겨지고 있다.

알렉산드로스 대왕

영어 식으로는 알렉산더 대왕이라고 부른다. 기원전 336년에 마케도니아의 왕이 된 그는 그리스와 페르시아, 인도, 아프리카 등에 이르는 대제국을 건설했다. 이전에 이 제국보다 더 큰 제국은 없었다. 알렉산드로스 대왕은 33세(기원전 323년)에 죽었는데, 죽기 전에 고대 그리스인들이 알고 있던 세계의 거의 모든 나라를 다스렸다. 앞에서 말한 헬레니즘 시대는 그리스 문명과 오리엔트 문명이 하나로 합쳐진 시대인데, 바로 알렉산드로스 대왕 때문에 그러한 시대가 열릴 수 있었다.

발견

이것은 플라톤의 흉상이다. 플라톤의 학교는 로마의 황제인 유스티아누스 1세가 서기 529년에 문을 닫고 말았다. 그리스도교인이었던 유스티아누스 1세는 플라톤의 가르침이 그리스도의 가르침과 어긋난다고 생각했기 때문이다. 그러나 고대 그리스가 로마제국의 일부가 되었을 때, 로마인들은 수많은 그리스의 생각을 자기 것으로 삼았다. 미술, 조각, 각종 기술과 과학은 물론 종교까지도 로마가 물려받은 것이다.

이집트에 있는 산렉산드리아라는 도시는 알렉산드로스 대왕의 이름을 딴 것이다. 이것은 로마 시대의 모자이크 작품인데, 알렉산드로스 대왕이 전투하는 장면을 나타낸 것이다.

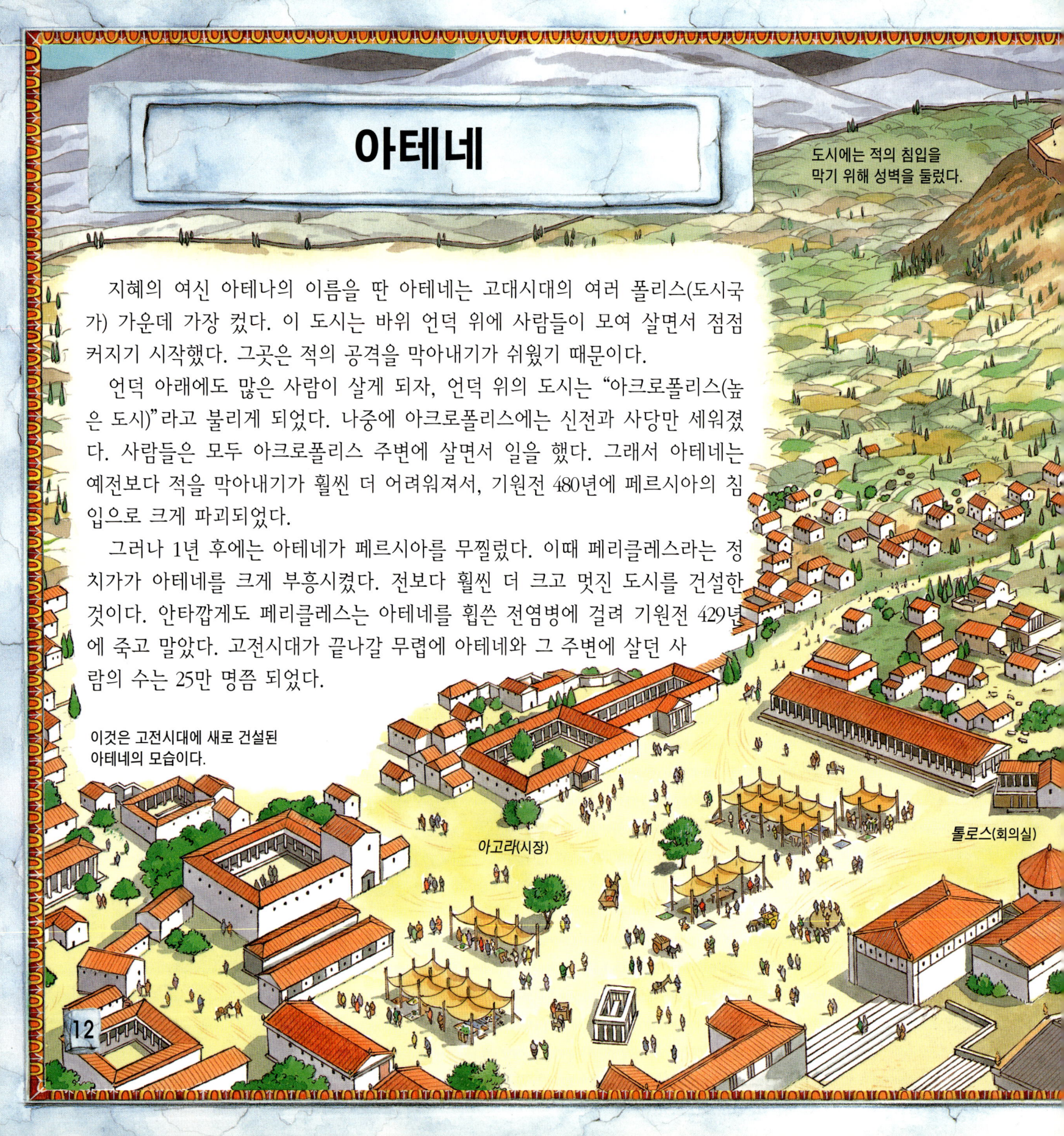

아테네

도시에는 적의 침입을 막기 위해 성벽을 둘렀다.

지혜의 여신 아테나의 이름을 딴 아테네는 고대시대의 여러 폴리스(도시국가) 가운데 가장 컸다. 이 도시는 바위 언덕 위에 사람들이 모여 살면서 점점 커지기 시작했다. 그곳은 적의 공격을 막아내기가 쉬웠기 때문이다.

언덕 아래에도 많은 사람이 살게 되자, 언덕 위의 도시는 "아크로폴리스(높은 도시)"라고 불리게 되었다. 나중에 아크로폴리스에는 신전과 사당만 세워졌다. 사람들은 모두 아크로폴리스 주변에 살면서 일을 했다. 그래서 아테네는 예전보다 적을 막아내기가 훨씬 더 어려워져서, 기원전 480년에 페르시아의 침입으로 크게 파괴되었다.

그러나 1년 후에는 아테네가 페르시아를 무찔렀다. 이때 페리클레스라는 정치가가 아테네를 크게 부흥시켰다. 전보다 훨씬 더 크고 멋진 도시를 건설한 것이다. 안타깝게도 페리클레스는 아테네를 휩쓴 전염병에 걸려 기원전 429년에 죽고 말았다. 고전시대가 끝나갈 무렵에 아테네와 그 주변에 살던 사람의 수는 25만 명쯤 되었다.

이것은 고전시대에 새로 건설된 아테네의 모습이다.

아고라(시장)

톨로스(회의실)

건축가 익티노스가 기원전 447~438년에 세운 파르테논 신전

성역(성스러운 지역) 입구에 세운 문루("프로필라이온"이라고 한다)

아크로폴리스

아크로폴리스로 가는 도로("판아테나이온의 길"이라고 한다)

집은 소박했다. 지붕에는 기와를 올렸고,

하얀 맨 벽에는 색을 칠한 족자를 걸었다.

바닥에는 모자이크 식으로 잔돌을 깔았다.

발견

유명한 삼지창을 잃어버린 포세이돈 상. 신화에 따르면, 아테나 여신과 바다의 신 포세이돈이 이 도시에 서로 자기 이름을 붙이려고 다투었다. 두 신은 사람들에게 선택하게 했다. 포세이돈은 바다를 잔잔하게 해주겠다고 약속했다. 아테나 여신은 올리브 나무를 주겠다고 약속했다. 바다가 잔잔하면 활발하게 무역을 해서 훨씬 더 부자가 될 수 있었지만 사람들은 올리브를 선택했다. 올리브 기름이 아주 쓸모가 많았기 때문이다. 그래서 이 도시는 "아테네"로 불리게 되었다. (낱말풀이 참고)

오늘날 아테네에서 가장 유명한 건물인 파르테논 신전. 이 신전은 아테나 여신을 기리기 위해 지은 것이다. 이 사진은 서쪽에서 바라본 모습.

고대 그리스의 신

고대 그리스에서는 여러 신을 숭배하는 것이 중요한 일상생활의 일부였다. 신화에서 여러 신들은 사람 모습이었고, "초인(슈퍼맨이나 슈퍼우먼)"처럼 행동했다. 어떤 신들은 사람이나 동물 등의 모습으로 변신을 할 수도 있었다. 고대 그리스의 신들에 대한 신화와 전설은 요즘 사람들도 즐겨 읽는다.

그런데 훗날 로마인들이 그리스의 신들을 "훔쳐서" 이름을 바꿔 버렸다! 예를 들어 포도주의 신 디오니소스는 바쿠스로, 그 유명한 영웅 헤라클레스는 헤르쿨레스로 이름이 바뀌었다. 괄호 속에 적힌 이름은 로마 시대의 이름이다.

여기 선보인 신들은 그리스에서 가장 중요한 신들이다.

신들의 전령인 헤르메스(메르쿠리우스)

전쟁의 신 아레스(마르스)

지혜와 전쟁의 여신 아테나 (미네르바)

바다의 신 포세이돈 (넵투누스)

지하세계의 왕 하데스 (플루토)

불씨, 부뚜막의 여신 헤스티아(베스타)

달의 여신
아르테미스
(디아나)

신들의 왕 제우스(유피테르)

제우스의 누이이자
아내인 헤라(유노)

사랑과 미의 여신
아프로디테
(베누스)

대지의 여신
이자 곡식의
신 데메테르
(케레스)

태양의 신이자
시와 음악과
진리의 신
아폴론(아폴론)

포도주와 황홀경의 신
디오니소스(바쿠스)

발견

그리스 사람들은 죽은 뒤의 삶(내세)을 믿었다. 이 믿음에 따르면, 죽은 사람의 영혼은 하데스가 다스리는 지하세계 곧 저승으로 간다. 그때 스틱스 강(저승을 에워싸고 있는 강)을 건너게 되는데, 뱃사공인 카론이 죽은 사람의 입 속에 든 동전을 뱃삯으로 받는다. 강을 다 건너면, 저승의 왕 하데스의 문지기 개인 케르베로스가 맞이한다. 케르베로스는 머리가 셋이고, 목 둘레에는 많은 뱀의 머리가 살아 움직인다!

죽은 사람의 영혼은 하데스의 심판을 받는다. 아주 나쁜 짓을 한 자의 영혼은 타르타로스(지옥)에서 영원히 고통을 당한다. 대부분의 영혼은 아스포델로스 들판으로 보내진다. 아스포델로스는 백합과의 꽃인데, 이 들판은 죽은 사람이 죄를 반성하며 다시 세상에 태어날 때까지 기다리는 연옥이다. 평생 올바르게 살았거나 특별한 신비의식을 치른 사람의 영혼은 엘리시온으로 보내진다. 엘리시온은 축복 받은 사람들이 영원히 사는 낙원이다.

신전, 종교, 축제

신전은 신들이 땅에 내려왔을 때 머물라고 지어준 것이었다. 고대 그리스인의 건축 기술은 아주 뛰어났고, 신전은 어떤 건물보다 더 휘황찬란했다.

고대 그리스에서는 이따금 대규모의 신비의식을 치렀는데, 이 의식에는 모든 사람이 참여할 수 있었다. 남자와 여자, 부자와 가난한 자, 노예와 황제, 심지어 인도에서 온 사제들까지도 참여했다. 해마다 약 3만 명의 아테네 시민들이 북서쪽 해변에 있는 엘레우시스 성지까지 맨발로 30킬로미터에 이르는 순례 행진을 했는데, 이것은 5세기까지 약 1000년 동안 계속되었다. 사람들은 이 의식을 치름으로써 삶의 의미를 북돋울 수 있고, 죽은 뒤에 더 행복한 삶을 살게 된다고 믿었다. 이때 일반 민중과 철학자들이 가장 숭배한 신은 디오니소스였다.

일부 선택된 사람들은 별도로 더 특별한 신비의식을 치렀다. 그들은 은밀한 의식을 통해 불가사의한 신의 비밀을 깨닫고 신성한 체험을 했다고 한다.

아테나 등의 올림포스 신들을 숭배하는 것은 국교(국가에서 권장한 종교)였고, 이 그림처럼 아주 화려한 축제를 열었다.

에레크테이온
(파르테논 북쪽의 신전)

아크로폴리스 성역

4년마다 아테나 여신을 위한 "대(大) 판아테나이아" 축제가 엿새 동안 열렸다.

아크로폴리스로 행진을 함으로써 축제가 끝났다.

"아테나의 옷"이 돛으로 사용되었다.

판테온(그리스에서 가장 유명한 신전)

프로필라이온
(성역 입구의 문루)

승리의 여신 니케
(로마 시대에는
빅토리아)

12미터나
되는 아테나
여신상. 금과
상아로 만들
었다.

제물로 쓰일 동물들

발 견

신화에 의하면, 데메테르 여신에게는 페르세포네(씨앗을 뜻함)라는 딸이 있었다. 하데스는 페르세포네를 너무나 사랑한 나머지, 그녀를 납치해서 자기가 다스리는 저승으로 데려갔다.

대지와 곡식과 식물의 여신 데메테르가 페르세포네를 찾아 헤매는 동안 농작물이 모두 말라죽고 말았다.

데메테르는 마침내 딸이 있는 곳을 알아냈다. 제우스는 페르세포네가 저승에서 아무 것도 먹지 않는다면 데메테르에게 돌아갈 수 있게 해주겠다고 약속했다. 그러자 하데스는 페르세포네를 속여서 석류 씨앗을 먹게 했다. 그렇지만 제우스는 그녀를 어머니에게 돌아가게 해주었다. 다만 조건이 있었다. 페르세포네가 석류씨를 먹었기 때문에 1년에 넉 달 동안은 하데스와 같이 살도록 한 것이다.

그래서 페르세포네는 1년에 여덟 달 동안 곡식을 돌보며 어머니와 함께 행복하게 지내고, 넉 달 동안은 하데스와 함께 지내게 되었다. 이 넉 달 동안은 데메테르가 슬픔에 잠기기 때문에 식물이 모두 죽어버렸다. 이 신화는 해마다 겨울이 찾아오는 이유를 재미있게 꾸며낸 것이다.

의사와 약

신화에 의하면, 아스클레피오스는 아폴론 신의 아들이었다. 그러나 켄타우로스(상체는 사람, 하체는 말)인 케이론이 그를 길렀다. 케이론이 의술을 가르쳐준 덕분에 아스클레피오스는 의술의 신이 되었다. 최초의 그리스 "의사"들은 실제로 아스클레피오스를 모신 사제들이었다.

일부 의사들은 병에 대한 종교적 설명을 믿지 않았다. 그들은 병이 생기는 다른 이유를 찾았다. 그런 운동을 벌인 사람이 바로 오늘날 "의사의 아버지"라고 불리는 히포크라테스(기원전 약 460~377년)이다. 그의 제자 의사들은 환자에게 약을 주었을 뿐만 아니라, 건강하기 위해서는 올바른 음식을 먹고, 운동을 하고, 푹 쉬는 것이 중요하다는 것을 사람들에게 깨우쳐주었다.

의사들은 수술을 하기도 했다. 하지만 마취제나 항생제가 없어서 수술은 엄청 아프고 위험했다. 그래서 수술을 받은 환자는 대부분 죽는 경우가 많았다.

흔히 아픈 사람들은 신전 안에서 잠을 잤다. 신들의 도움으로 병이 낫거나, 신이 꿈에 나타나서 치료법을 알려주길 바랐기 때문이다.

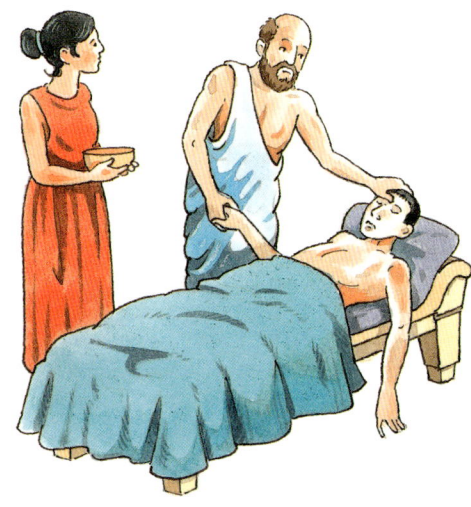

훗날, 히포크라테스를 따른 의사들은 환자를 잘 살펴보고 병의 원인을 찾으려고 했다.

사람들은 병에 걸리는 것이 신들의 벌이라고 생각했다. 그래서 사제는 신을 달래서 병을 낫게 하려고 했다.

아픈 사람은 신을 달래는 의식을 치러야 했다. 하지만 약을 먹기도 했다.

병이 나은 사람은 신에게 감사하며 선물을 바쳤다.

약은 허브(향기로운 풀)로 만들었다.

여러 가지 수술 도구

발견

아스클레피오스의 지팡이에는 항상 뱀이 감겨 있다. 이런 지팡이는 오늘날 온 세계의 여러 의학단체를 상징하는 것으로 사용되고 있다. 오늘날에도 많은 의사들은 히포크라테스의 이름을 딴 "히포크라테스 선서"를 하는데, 이 선서에는 환자를 성심껏 치료하겠다는 맹세가 담겨 있다.

이상하게 생긴 이 돌을 새김(부조) 작품은 아스클레피오스에게 감사 선물로 바친 것이다―아스클레피오스가 자기 다리를 고쳐주었다고 믿은 어떤 사람이 바쳤다.

민주주의

고대시대가 끝나갈 무렵, 일부 도시국가에서는 절대적인 권력을 지닌 절대군주를 쫓아냈다. 그리고 시민을 위한 시민의 정부를 세웠다. 그래서 모든 시민들은 투표권을 갖게 되었다. 고대 그리스 사람들은 그와 같은 시민의 정부가 나라를 다스리는 것을 민주주의라고 불렀다. 고대 그리스 사회는 두 부류의 사람으로 나뉘었다. 하나는 자유민, 하나는 노예(대개 외국인). 아테네에서 자유민은 또 다시 둘로 나뉘었다. 시민과 메토이코이. 메토이코이는 "시민과 함께 사는 자"라는 뜻인데, 이들은 다른 국가의 시민이었다. 여자는 남편이나 아버지와 같은 사회적 지위를 지녔지만 투표권은 없었다.

고대시대(기원전 800~500년)가 시작되었을 때에는 땅을 가진 부자 귀족들이 국가를 지배했는데, 절대군주가 나타난 것은 기원전 650년경이었다. 그러다가 마침내 아테네에서 민주주의가 시작된 것은 기원전 508년이었다.

이것은 아테네 사람들이 어떻게 민주주의를 실천했는지 보여주는 그림이다.

"톨로스"라고 불린 둥근 집에서 회의가 열렸다. 의원은 모두 500명이었다.

민회는 10일마다 열렸다.

아테네에서는 판사나 변호사가 없이 재판을 했다.

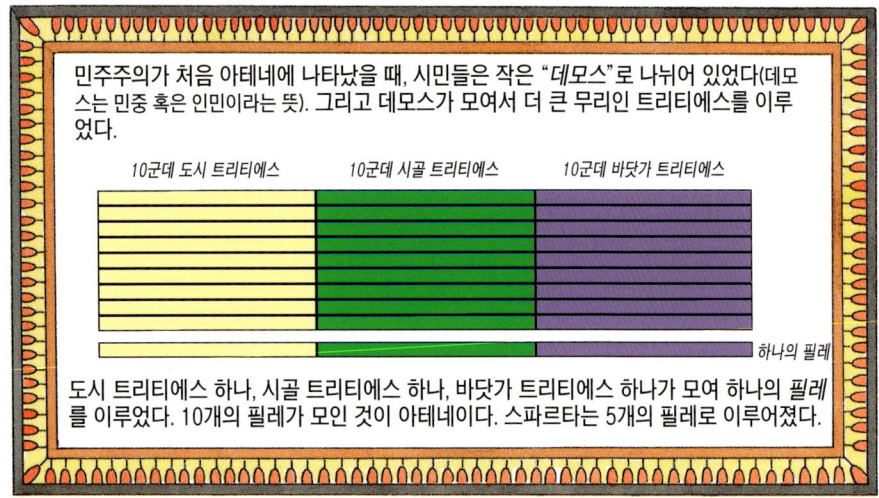

민주주의가 처음 아테네에 나타났을 때, 시민들은 작은 "데모스"로 나뉘어 있었다(데모스는 민중 혹은 인민이라는 뜻). 그리고 데모스가 모여서 더 큰 무리인 트리티에스를 이루었다.

10군데 도시 트리티에스	10군데 시골 트리티에스	10군데 바닷가 트리티에스

하나의 필레

도시 트리티에스 하나, 시골 트리티에스 하나, 바닷가 트리티에스 하나가 모여 하나의 필레를 이루었다. 10개의 필레가 모인 것이 아테네이다. 스파르타는 5개의 필레로 이루어졌다.

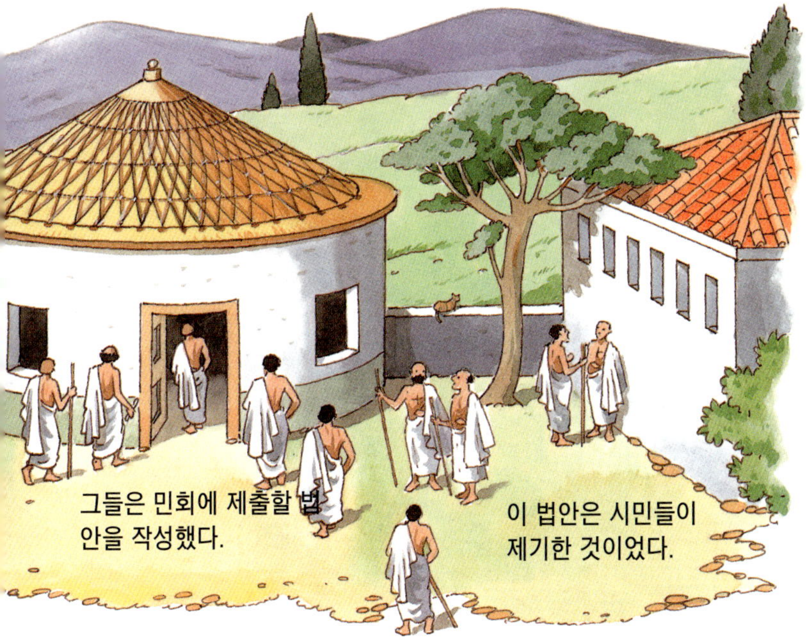
그들은 민회에 제출할 법안을 작성했다.
이 법안은 시민들이 제기한 것이었다.

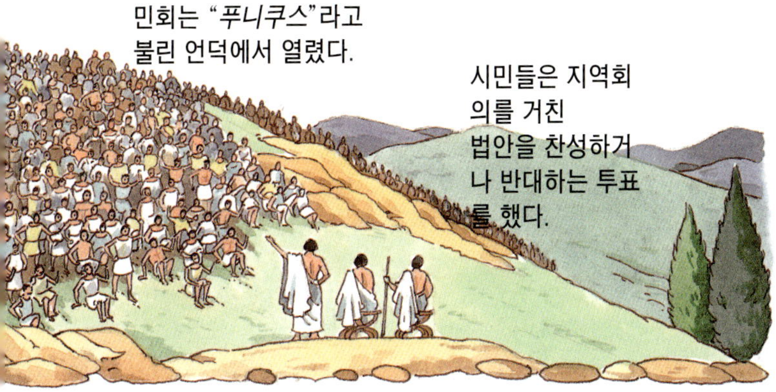
민회는 "*푸니쿠스*"라고 불린 언덕에서 열렸다.
시민들은 지역회의를 거친 법안을 찬성하거나 반대하는 투표를 했다.

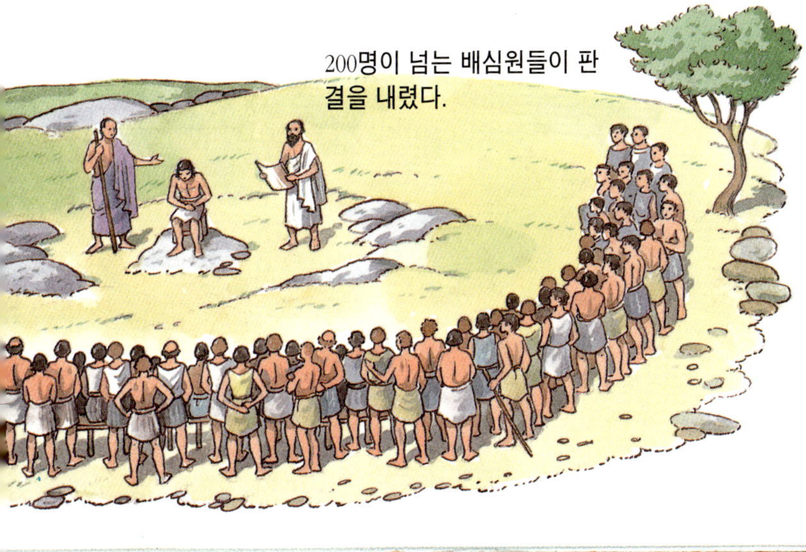
200명이 넘는 배심원들이 판결을 내렸다.

발 견

ARISSTEIΔES
LVSIMA+O

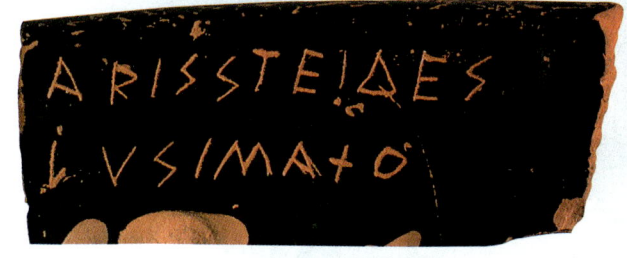

시민들은 투표를 해서 인기 없는 정치가를 쫓아낼 수 있었다. 인기가 없는 사람의 이름을 도자기 조각에 위와 같이 새겨서 투표함에 넣었다. 많은 사람이 같은 이름을 적어내면 그 사람은 물러나야 했다. 고대 그리스와 이집트 사람들은 귀한 종이(파피루스) 대신 도자기 조각에 글을 쓰고 그림도 그렸다. 당연히 투표용지로도 사용했다. 그런 도자기 조각을 "*오스트라콘*"이라고 불렀다.

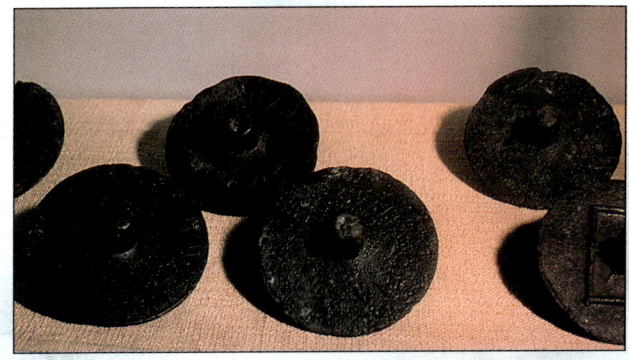

위 그림과 같이 동전처럼 생긴 것도 투표용으로 쓰인 것이다. 재판을 할 때 피고가 무죄라고 생각한 배심원은 가운데가 볼록 튀어나온 것을 제출했고, 유죄라고 생각하면 가운데에 구멍이 뚫린 것을 제출했다.

육군과 해군

보통의 트라이림은 길이가 약 4미터였다.

기원전 800년경 고대시대가 시작되었을 때, 모든 군인들은 자신의 갑옷과 무기를 자기 돈으로 사야 했다. 아무리 가난해도 그랬다. 그래서 보통의 보병은 대부분 무기가 형편없었다. 육군의 힘이 얼마나 강한가는 귀족한테 달려 있었고, 귀족은 기병이었다. 그런데 이들 기병은 특히 용감한 사람이 아니라, 무기와 말을 살 수 있는 돈을 가진 사람일 뿐이었다.

그러나 무역 덕분에 사정이 달라졌다. 다른 나라와 무역을 해서 점점 부자가 되자, 중산층도 좋은 갑옷과 무기를 살 수 있었다. 이렇게 장비를 잘 갖춘 새로운 병사들은 "호플리테스(중무장을 한 보병)"라고 불렀다.

해군의 전함은 돛으로만 움직인 게 아니라 노를 저어 움직였다. 그래서 자유민이면서도 가난한 사람은 해군에서 노를 저었다. 값비싼 무기를 살 필요가 없었기 때문이다. 가장 위력적인 전함은 노를 젓는 곳이 3층으로 되어 있었다. "트라이림"이라고 불린 이 전함은 아주 크고 빨랐다.

트라이림의 앞부분은 적 배를 들이받아 부술 수 있록 되어 있었다.

아테네의 고급 장군은 "스트라테고스"라고 불렀다.

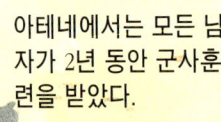

아테네에서는 모든 남자가 2년 동안 군사훈련을 받았다.

전투를 하기 전에는 돛을 내렸다.

배는 병사를 실어 나르지 않았다. 배에는 몇 명의 궁수만 탔다.

배에는 먹고 잘 곳이 없었다.

트라이림 안에서 약 170명이 3층으로 나눠 앉아 노를 저었다.

노는 길이가 4미터 이상이었다.

중장보병(호플리테스)은 네모꼴로 한데 뭉쳐서(밀집대형으로) 싸웠다.

발 견

고고학자는 고대 그림을 연구할 때 아주 꼼꼼히 살펴봐야 한다. 도자기에 그려진 이 그림은 노를 젓는 사람이 2층으로 앉아 있는 것 같다. 그러나 사실은 좌우에 나란히 앉은 사람들을 위아래로 그려놓은 것이다.

이 돋을새김은 중장보병(호플리테스)을 나타낸 것이다. 위로 솟은 투구 깃과 둥글고 큰 방패가 특히 눈에 띈다.

23

스포츠와 놀이

올림피아에서는 약 4,000명이 경기를 구경할 수 있었다.

레슬링

고대 그리스인들에게 스포츠는 가벼운 놀이가 아니었다. 특히 운동경기는 신을 기리기 위한 종교행사였다. 그래서 도시국가들 간에 서로 전쟁을 하고 있다가도, 공식 경기를 할 때에는 휴전을 했다. 경기마다 기리는 신이 달랐다. 예를 들어 코린토스에서 2년마다 열린 경기(이스트미아 경기)는 포세이돈 신을 기리기 위한 것이었다. 델피에서 4년마다 열린 경기(피티아 경기)는 아폴론 신을 기리기 위한 것이었다.

가장 유명한 경기는 올림피아에서 4년마다 열린 올림픽 경기였다. 제우스 신을 기리기 위한 이 경기가 맨 처음 열린 것은 기원전 776년이었다. 이 경기는 서기 393년까지 약 1천 년 동안 한 번도 빠짐없이 293회나 열렸다. 그러다 로마 황제인 테오도시우스가 이 경기를 금지시키고 말았다. 그는 그리스도교인이어서, 그리스 신들의 왕을 기리는 이런 경기를 달가워하지 않았다. 그러다가 1896년에 프랑스 사람 쿠베르탱이 올림픽 경기를 다시 살려냈다.

가장 인기 있는 올림픽 경기는 전차경주였다.

전차는 둘 혹은 네 마리의 말이 끌었다.

전차경주는 아주 위험한 스포츠였다. 전차가 뒤집혀서 죽는 사람이 많았다.

육상선수들은 무거운 투구와 방패를 든 채 달렸다. 그러나 알몸으로!

멀리뛰기 경기에서 선수들은 더 멀리 뛰기 위해 무거운 물건을 흔들며 몸을 날렸다.

이긴 사람에게는 올리브 잎사귀나 가죽 혹은 황금으로 만든 관을 씌워주었다.

발견

올림픽 경기가 열릴 때에는 공휴일이 있었다. 그래서 사람들은 일을 쉬고 경기를 구경할 수 있었다. 이 대리석 조각작품은 원반던지기 선수를 나타낸 것이다. 경기에서 우승한 선수는 자신의 명예만이 아니라 자기가 사는 도시국가의 명예도 드높였다. 다른 상은 없었고, 오직 승리의 영광만이 상으로 주어졌다.

여자들은 헤라 여신을 기리는 경기(헤라이아 경기)에만 참가할 수 있었다. 이 돌을새김 작품은 남편인 제우스와 함께 있는 헤라 여신을 나타낸 것이다. 여자들이 할 수 있는 경기는 세 가지밖에 없었는데, 세 가지 모두 달리기 종목이었다.

극 장

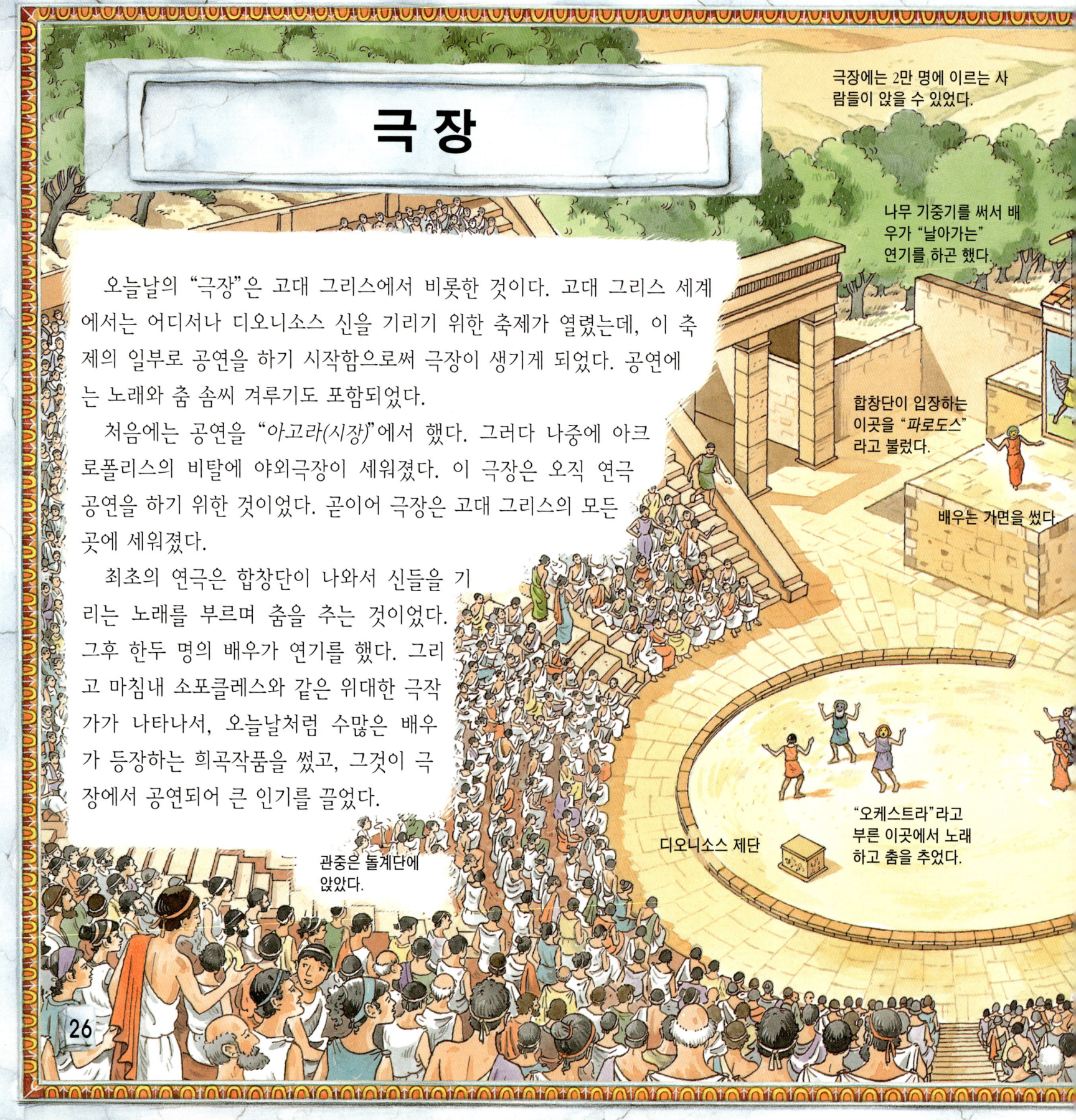

오늘날의 "극장"은 고대 그리스에서 비롯한 것이다. 고대 그리스 세계에서는 어디서나 디오니소스 신을 기리기 위한 축제가 열렸는데, 이 축제의 일부로 공연을 하기 시작함으로써 극장이 생기게 되었다. 공연에는 노래와 춤 솜씨 겨루기도 포함되었다.

처음에는 공연을 "아고라(시장)"에서 했다. 그러다 나중에 아크로폴리스의 비탈에 야외극장이 세워졌다. 이 극장은 오직 연극 공연을 하기 위한 것이었다. 곧이어 극장은 고대 그리스의 모든 곳에 세워졌다.

최초의 연극은 합창단이 나와서 신들을 기리는 노래를 부르며 춤을 추는 것이었다. 그후 한두 명의 배우가 연기를 했다. 그리고 마침내 소포클레스와 같은 위대한 극작가가 나타나서, 오늘날처럼 수많은 배우가 등장하는 희곡작품을 썼고, 그것이 극장에서 공연되어 큰 인기를 끌었다.

- 극장에는 2만 명에 이르는 사람들이 앉을 수 있었다.
- 나무 기중기를 써서 배우가 "날아가는" 연기를 하곤 했다.
- 합창단이 입장하는 이곳을 "파로도스"라고 불렀다.
- 배우는 가면을 썼다
- "오케스트라"라고 부른 이곳에서 노래하고 춤을 추었다.
- 디오니소스 제단
- 관중은 돌계단에 앉았다.

일종의 침대인 "에키클레마" 위에 얹힌 배우가 스케네 밖으로 굴려나오면 그 배우는 살해되었다는 뜻이었다.(무대에서 사람을 죽이는 연기를 하지 못하게 했다)

무대 뒤에는 "스케네"라고 불린 건물이 있었다.

스케네 앞면에 무대 배경을 그려놓았다.

배우들은 "프로스케네(앞무대)"에서 연기를 했다.

합창단

배우는 멀리 있는 관중들도 알아보기 쉽도록 가면을 썼다.

발견

고대 그리스의 극장 가운데 일부는 아주 잘 보존되어 오늘날에도 연극 공연을 하는 극장으로 쓰이고 있다. 가장 잘 보존된 극장은 에피다우로스에 있는 이 극장이다.

이 조각상은 웃고 있는 가면을 쓴 배우를 나타낸 것이다. 고대 그리스의 극장은 아주 컸기 때문에, 관객들이 멀리서도 쉽게 알아볼 수 있도록 이런 가면을 썼다.

조각, 음악, 시

고대 그리스인들은 조각을 좋아했다. 그래서 조각상을 신전과 공공장소는 물론이고 집에도 세워놓았다. 음악도 무척 좋아했다. 축제 때만이 아니라, 병사나 선원을 훈련시킬 때에도 음악을 연주했다. 술을 마실 때에도 음악이 빠지지 않았다! 시도 인기가 있었다. 시는 아폴론 신의 선물로 여겨져서, 항상 큰 소리로 시를 읊곤 했다.

고대시대 초기에는 조각상이 형식적이고 엄숙했는데, 그것은 모두 고대 이집트의 조각을 모방한 것이었다. 시간이 지남에 따라 조각상은 훨씬 더 사실적이 되었다. 고전시대에는 여러 신들을 조각하는 것이 유행했다. 그러나 헬레니즘 시대에는 조각상이 아주 다양해졌고, 실제 모습대로 만들어졌다.

고대 그리스인들은 대리석 조각상만이 아니라 청동상도 만들었다. 그들이 만든 것은 거의 없어졌지만, 로마 사람들이 모방을 해서 똑같이 만든 것이 많이 남아 있다. 악기도 거의 없어졌다. 대부분 나무로 만들어서 썩어 버렸기 때문이다.

이것은 안드론(식당) 안에서 잔치하는 모습을 그린 것이다.

고전시대의 석상

아울로이

리라(수금)

심벌즈

시린크스

하프

팀파니

저글링과 곡예

소년과 소녀들은 음악을 배웠다. 직업 음악가들의 대부분은 여자였다.

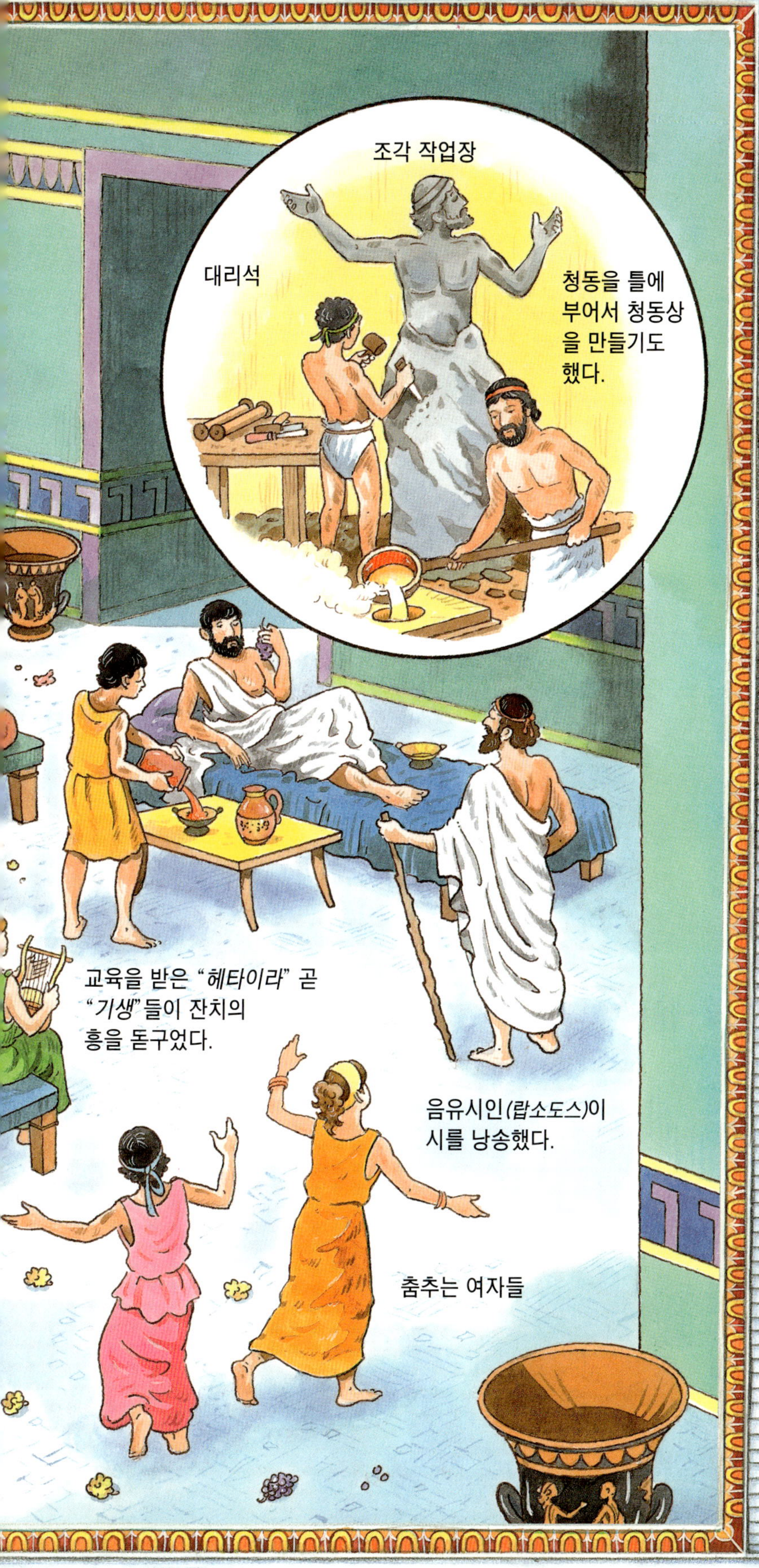

조각 작업장

대리석

청동을 틀에 부어서 청동상을 만들기도 했다.

교육을 받은 "헤타이라" 곧 "기생"들이 잔치의 흥을 돋우었다.

음유시인(랍소도스)이 시를 낭송했다.

춤추는 여자들

발견

사랑과 미의 여신 아프로디테. 이 청동상은 헬레니즘 시대에 만든 것이다. 당시에는 이런 머리모양이 가장 유행했을 것이다. 고대 그리스의 석상이나 청동상은 당시 사람들을 닮은 모습으로 만들어졌다.

포도주 항아리에 그려진 음악가들. 이 항아리는 기원전 440년 쯤에 만든 것이다. 의자에 앉은 여자가 하프를 연주하고 있다(머리 위에 그려진 악기는 키타라). 그림 왼쪽의 남자는 리라를, 오른쪽의 여자는 *아울로이*를 들고 있다.

농사와 먹을거리

고대 그리스인들이 농사를 짓는 것은 여간 힘겨운 일이 아니었다. 땅이 메마르고 산이 많고 날씨가 무더웠기 때문이다. 농사를 지을 땅도 적어서, 땅 주인이 먹고살 정도만 수확을 할 수 있었다. 하지만 대부분의 사람이 농부였다. 도시에 사는 시민들도 시골에 농사 지을 땅을 가지고 있었다.

농사를 지을 수 없을 만큼 메마른 땅에는 올리브 나무를 심었다. 비탈에는 포도나무를 심었고, 집 근처에는 야채를, 가장 기름진 땅에는 밀이나 보리를 심었다. 올리브 기름으로는 요리를 하거나 등불을 밝혔고, 몸에 바르기도 했다. 포도로는 대부분 포도주를 만들었다.

밀이나 보리는 빵으로 만들었다. 가난한 사람이든 부자든 모두가 이 빵을 먹었다. 빵 외에는 죽이나 과일, 야채를 주로 먹었다. 그리스는 바다로 에워싸여 있어서 물고기가 많았다. 잡은 물고기의 대부분은 부자들이 먹었다.

양을 길러서 양젖과 털과 가죽을 얻었다.

돼지도 길렀다.

곡식의 줄기에서 낟알을 떼어내는 것을 탈곡 혹은 타작이라고 한다.

주로 노새가 곡식을 밟게 해서 탈곡했다.

올리브 기름 짜기

여러 번 눌러서 기름을 짰다.

처음 눌러서 짜낸 기름이 최상품.

농부들은 집 근처에서 직접 채소를 길러서 먹었다.

농장

올리브 숲

포도밭

밀은 4월이나 5월에 낫으로 베어서 수확했다.

베어낸 밀은 황소를 써서 탈곡장으로 날랐다.

키질

낟알은 땅에 떨어지고 겉겨는 불어 날렸다

낟알은 방아를 찧어 가루로 만들었다.

9월에는 커다란 나무통에 포도를 넣고 으깨서 즙을 받았다.

발견

오늘날의 그리스에서는 아직도 고대의 농사법을 많이 쓰고 있다. 이것은 레스보스에 있는 "계단식" 올리브 숲인데, 땅이 아무리 가파르더라도 이런 식으로 알뜰하게 땅을 이용했다.

기원전 520년쯤에 만든 이 도자기에는 올리브를 따는 사람들이 그려져 있다. 올리브는 밤을 딸 때처럼 장대로 쳐서 땄다—오늘날에도 그렇게 올리브를 딴다.

31

장사와 무역

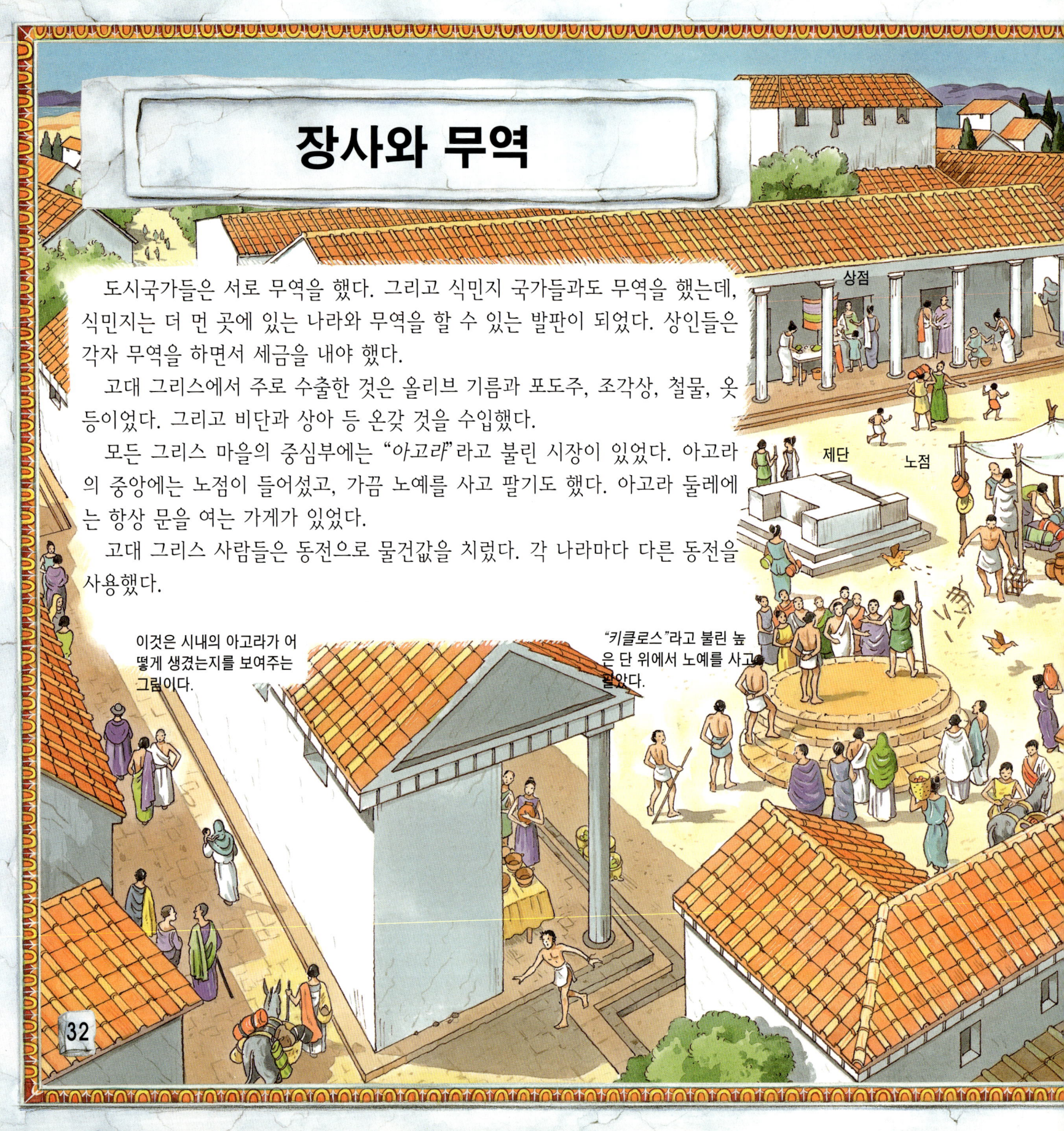

도시국가들은 서로 무역을 했다. 그리고 식민지 국가들과도 무역을 했는데, 식민지는 더 먼 곳에 있는 나라와 무역을 할 수 있는 발판이 되었다. 상인들은 각자 무역을 하면서 세금을 내야 했다.

고대 그리스에서 주로 수출한 것은 올리브 기름과 포도주, 조각상, 철물, 옷 등이었다. 그리고 비단과 상아 등 온갖 것을 수입했다.

모든 그리스 마을의 중심부에는 "아고라"라고 불린 시장이 있었다. 아고라의 중앙에는 노점이 들어섰고, 가끔 노예를 사고 팔기도 했다. 아고라 둘레에는 항상 문을 여는 가게가 있었다.

고대 그리스 사람들은 동전으로 물건값을 치렀다. 각 나라마다 다른 동전을 사용했다.

이것은 시내의 아고라가 어떻게 생겼는지를 보여주는 그림이다.

"키클로스"라고 불린 높은 단 위에서 노예를 사고 팔았다.

발견

동전은 기원전 7세기경에 리디아(오늘날의 터키)에서 처음 만들었다. 기원전 650년쯤에 고대 그리스에서도 리디아를 본받아서 동전을 만들었다. 기원전 4세기의 이 동전에는 아테나 여신의 얼굴이 새겨져 있다.

옛날에는 당연히 냉장고가 없었다. 그래서 고대 그리스 사람들은 매일 신선한 먹을거리를 사다 먹어야 했다. 이 도자기에는 생선 장수가 커다란 칼로 물고기를 잘라서 파는 모습이 그려져 있다.

- 지붕을 받치고 있는 기둥들
- 조각상
- 따뜻한 음료를 파는 가게
- 환전상(요금을 받고 돈을 바꿔주는 사람)
- 이들은 나중에 고리대금업자가 되었다.

옷차림과 패션

그리스 지방은 옛날이나 지금이나 마찬가지로 아주 무덥다. 그래서 사람들은 대부분 옷을 간단하게 입었다. 처음에는 옷을 양털로 만들었는데, 무역을 하게 되자 더 시원한 면이나 비단 옷을 입게 되었다. 신발이 없는 사람이 많았지만 햇빛을 가리기 위한 모자는 누구나 갖고 있었다.

가난한 남자나 노예는 짧은 치마만 걸쳤고, 부자들은 화려하고 긴 옷을 걸쳤다. 여자들은 "키톤"이라고 불린 드레스 위에 "히마티온"이라고 불린 외투를 걸쳤고, 시간이 지남에 따라 몸을 더 많이 감싸는 옷을 입었다.

머리모양도 많이 달라졌다. 처음에 여자들은 머리카락을 묶지 않고 길게 늘어뜨렸다가, 나중에는 위로 말아 올렸다. 남자들은 고대시대에 텁수룩하게 수염을 길렀다가, 고전시대에는 짧게 다듬었고, 헬레니즘 시대에는 거의 수염을 기르지 않았다.

고대시대 — 밝은 색과 화려한 무늬의 옷
고전시대 — 디자인이 더 단순하고 단색에 약간의 무늬만 넣은 옷
헬레니즘 시대 — 좀더 장식적이고 금붙이도 곁들인 옷

고전시대에는 수염을 단정하게 다듬었다.
무릎까지 내려오는 망토 "클라미스"
부츠
드레스 "키톤"
키톤 위에 숄처럼 두른 "히마티온"

이것은 고전시대 사람들의 모습이다.

노예들은 짧은 치마를 걸쳤다.

도자기 만드는 곳

올리브 기름이나 향수를 담는 도자기는 부자들에게 인기가 있었다.

여행용 망토로 걸친 "히마티온"

신발

부자들만 황금 장신구를 썼다.

남자든 여자든 모자를 즐겨 썼다.

샌들

발 견

고대 그리스 여자가 옷장에 옷을 넣고 있는 모습을 나타낸 돋을새김 작품. 소박한 청동거울이 벽에 걸려 있는 모습도 보인다.

이 거울은 유리로 만든 것이 아니다. 고대 그리스의 거울은 청동으로 만들었다. 옛날에는 이 청동거울도 윤이 나서 모습이 잘 비쳤을 텐데, 2000년 이상이 흐른 지금은 녹이 슬어서 모습이 비치지 않는다.

어린이의 생활

고대 그리스에서 대부분의 부모들은 아들을 원했다. 딸을 사랑하고 아낀 부모도 많았지만, 버리는 부모도 있었다. 아기는 태어난 지 열흘 후, 화로 앞에서 "*암피드로미아*"라는 의식을 치르고 이름을 지어주었다.

부자들은 아기를 보살펴주는 유모 노예를 두었다. 아이가 세 살이 되면, 해마다 열린 디오니소스 축제에 참석했고, 특별한 선물도 받았다.

부자들은 아들을 학교에 보냈다. 딸은 학교에 보내지 않고 집에만 두었다. "*파이다고고스*"라고 불린 특별한 노예는 주인의 아들과 함께 학교에 가서, 공부를 열심히 하는지 감시했다.

스파르타의 학교에서는 아주 엄하게 가르쳤다. 학생들이 배가 고플 때에는 시골 농부의 집에서 먹을거리를 훔쳐오도록 시키기도 했다! 그것이 바로 교육 방침이었다! 그런 교육 때문에 학생들은 커서 사나운 병사가 되었다.

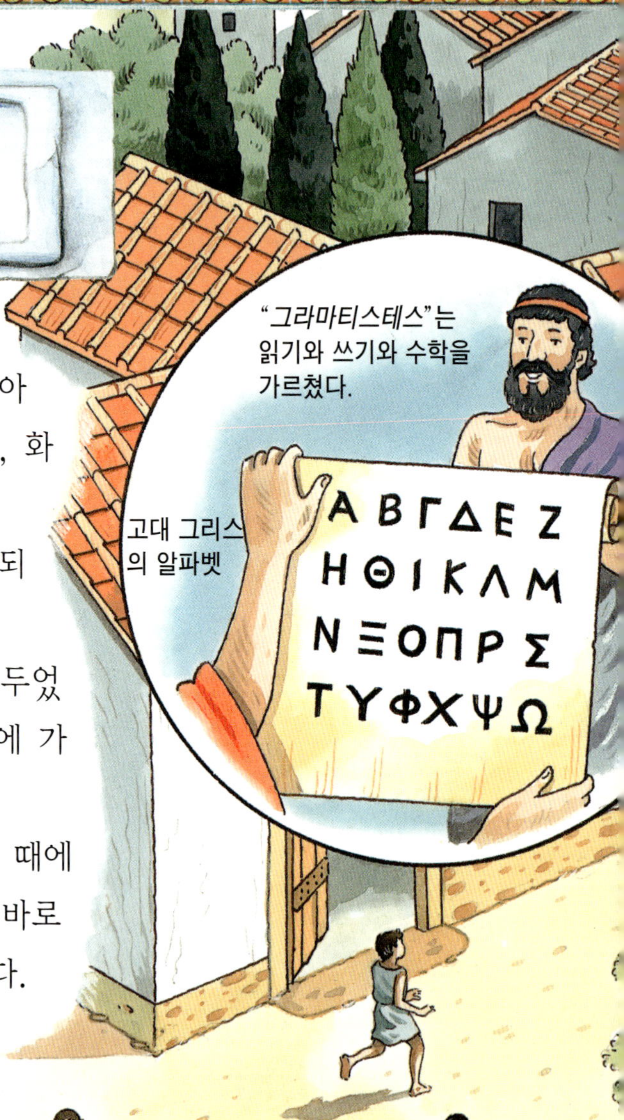

"*그라마티스테스*"는 읽기와 쓰기와 수학을 가르쳤다.
고대 그리스의 알파벳
Α Β Γ Δ Ε Ζ
Η Θ Ι Κ Λ Μ
Ν Ξ Ο Π Ρ Σ
Τ Υ Φ Χ Ψ Ω

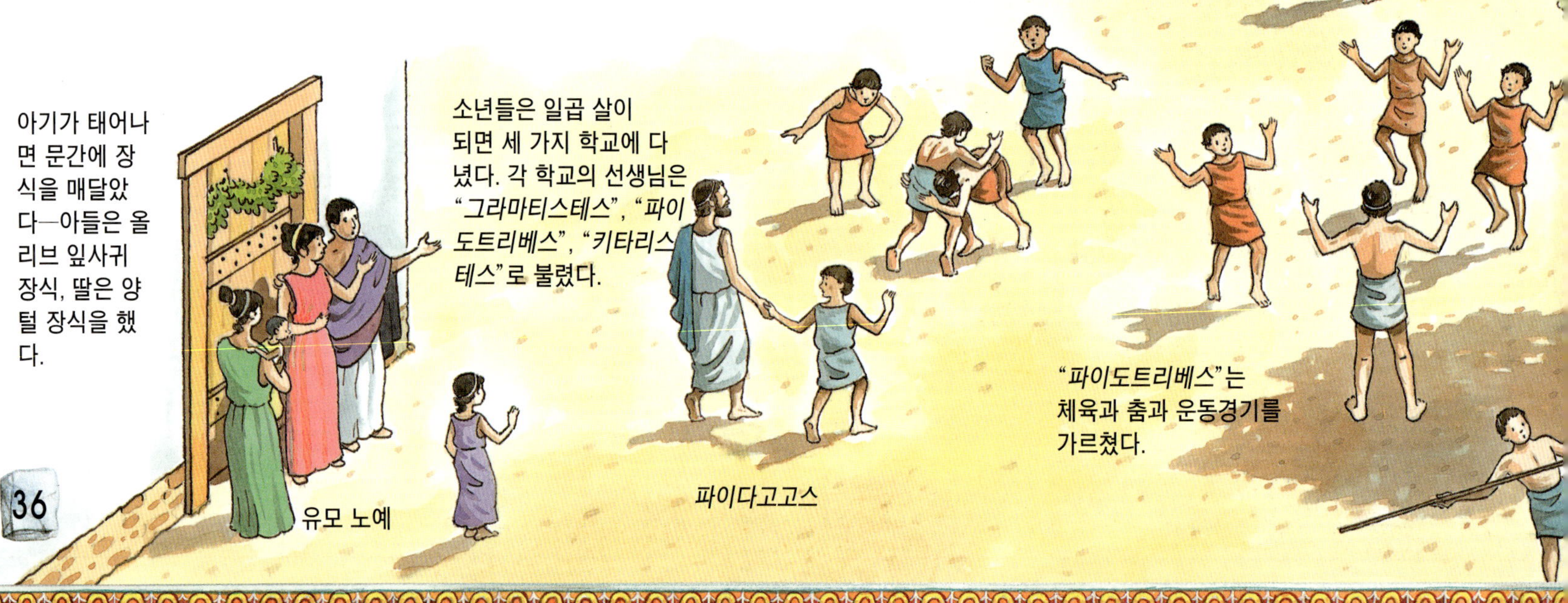

아기가 태어나면 문간에 장식을 매달았다—아들은 올리브 잎사귀 장식, 딸은 양털 장식을 했다.
유모 노예
소년들은 일곱 살이 되면 세 가지 학교에 다녔다. 각 학교의 선생님은 "*그라마티스테스*", "*파이도트리베스*", "*키타리스테스*"로 불렸다.
파이다고고스
"*파이도트리베스*"는 체육과 춤과 운동경기를 가르쳤다.

처음에는 무술을 닦는 곳이었던 연무장은 곧이어 도서관과 강의실로도 쓰이게 되었다. 헬레니즘 시대에 철학자들은 연무장에서 종일 제자를 가르쳤다.

파이도트리베스는 종종 소년들을 데리고 연무장에 갔다.

키타리스테스는 음악과 시를 가르쳤다.

발견

이 도자기 돼지는 딸랑이 장난감이다. 간단한 도자기는 값이 아주 쌌다. 그래서 수입이 적은 부모도 이런 장난감은 아이들에게 사줄 수 있었다.

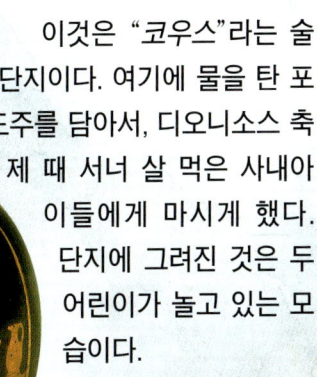

이것은 "코우스"라는 술 단지이다. 여기에 물을 탄 포도주를 담아서, 디오니소스 축제 때 서너 살 먹은 사내아이들에게 마시게 했다. 단지에 그려진 것은 두 어린이가 놀고 있는 모습이다.

트로이를 찾아서

전설은 어떤 곳에서 과거에 실제로 일어난 일을 토대로 한 이야기이다. 전설은 오랫동안 입에서 입으로 전해지면서 내용이 달라진다. 트로이의 전설에 따르면, 기원전 13세기경에 트로이의 왕자 파리스가 스파르타의 아름다운 왕비 헬레네를 데리고 자신의 트로이 성으로 달아났다. 그러자 화가 난 그리스의 영웅들이 트로이 성을 10년 동안이나 포위 공격했다. 그러나 성을 함락시킬 수가 없었다. 어느 날 그리스 연합군이 모두 물러가고 성문 밖에 커다란 목마만 하나 남아 있었다. 트로이 사람들은 바퀴가 달린 목마를 성안으로 가져갔다. 그날 밤 목마의 뱃속에 숨어 있던 그리스 병사들이 밖으로 나와 성문을 열었다. 그리스 군대는 어둠을 틈타서 몰래 성안으로 쳐들어가 마침내 트로이를 함락시키고 도시를 완전히 파괴해버렸다.

이것은 기원전 670년경에 만든 도자기이다. 여기 새겨진 그림은 트로이의 목마 그림으로 알려져 있었다. 그러나 트로이의 목마가 실제로 있었다면, 이 그림처럼 창문이 뚫려 있지는 않았을 것이다!

하인리히 슐리만의 전설

하인리히 슐리만은 1822년 독일에서 태어났다. 전설에 따르면, 슐리만은 여덟 살 때 트로이의 전설과 목마 이야기를 너무나 좋아했다. 어른이 되면 이 전설적인 도시의 유물을 발굴하겠다고 그는 굳게 마음먹었다. 어른이 된 그는 꿈을 이루었다. 트로이라는 고대 도시가 오늘날 터키의 히사를리크에 있었다고 주장한 사람이 있었지만 아무도 그것을 믿지 않았다. 그러나 슐리만은 그것을 믿고 히사를리크를 발굴하기 시작했고, 사람들은 그를 비웃었다.

그러나 슐리만은 1873년에 히사를리크에서 마침내 트로이를 발견했다. 트로이는 실제로 완전히 파괴되었다가 여러 번 새로 지어진 것으로 밝혀졌다. 그를 비웃던 사람들은 꿀 먹은 벙어리가 되었다. 슐리만은 엄청난 보물을 캐냈다. 금과 은도 잔뜩 쏟아져 나왔는데, 슐리만이 트로이의 전설적인 왕인 프리아모스의 이름을 따서, 이 보물을 프리아모스의 보물이라고 불렀다.

하인리히 슐리만. 그는 역사상 가장 유명한 고고학자 가운데 한 명이다.

무엇이 진실일까?

슐리만은 평생 일기를 썼고, 편지도 수천 통이나 써보냈다. 그런데도 그가 트로이에 대해 큰 관심을 가졌다는 기록은 하나도 없다. 그가 히사를리크를 방문한 후에도 그런

기록을 남기지 않았다. 거기서 그는 프랭크 칼버트라는 한 남자를 만났다. 칼버트는 트로이가 있던 땅의 일부를 소유한 사람이었다. 칼버트는 그곳이 트로이의 유적지라고 설득했다. 그래서 슐리만은 트로이에 관심을 갖게 된 것 같다. 슐리만은 그리스 사람인 자기 아내 소피와 함께 그곳을 발견했다고 주장했다. 하지만 그의 아내는 슐리만이 금과 은을 발굴했다고 주장한 날까지 한 번도 그곳에 가본 적이 없었다!

슐리만을 비판하는 일부 사람들은 그가 발굴을 한 게 아니라, 그 지역에서 옛날에 조금씩 발굴된 것을 잔뜩 사들여서 자기가 발굴한 것처럼 속였다고 믿는다. 대규모 보물을 발굴했다고 하면 훨씬 더 큰 주목을 받을 수 있기 때문이다. 어떤 사람들은 그 보물이 그 지역이 아닌 다른 지역에서 발굴된 것이라고 주장하기도 한다. 그의 보물이 대부분 현대에 만든 위조품이라고 믿는 사람까지 있다.

무엇이 진실이었든 간에, 슐리만은 온 세상의 고고학자들에게 존경을 받았고, 일반인에게도 아주 유명한 사람이 되었다.

잃어버린 보물의 전설

슐리만은 1890년에 세상을 떴다. 그가 히사를리크에서 발견했다는 보물은 베를린 박물관에 보관되었다. 제2차 세계대전 때 베를린은 여러 차례 폭격을 당했다. 그때 모두 녹아버린 보물이 강물처럼 박물관 계단으로 흘러내렸다는 소문이 퍼졌다. 그러나 실제로 그 보물은 베를린 동물원으로 옮겨져 안전하게 보관되었다. 베를린이 러시아 군대에게 항복한 후, 러시아인들은 보물을 모스크바로 가져갔다. 그 보물은 오늘날 모스크바의 푸시킨 박물관에 전시되어 있다. 그런데 터키와 독일에서는 그 보물이 자기들 것이니까 돌려달라고 주장하고 있다.

그곳은 정말 트로이일까?

슐리만은 정말 트로이를 발굴한 것일까? 그것은 확실치 않다. 그가 아주 중요한 고대 도시를 발굴한 것은 사실이다. 그 고대 도시는 적어도 여덟 번은 파괴되고 새로 지어진 도시였다. 완전히 파괴된 도시를 밑에 파묻고 그 위에 새로운 도시가 세워져서, 여덟 개의 층을 이루고 있다! 호메로스의 서사시에 나오는 고대 도시 트로이라고 슐리만이 생각했던 층이 실제로는 다른 시대에 만들어진 것이라고 훗날 증명되었다. 하인리히 슐리만에게 무슨 비난을 하든 간에, 그는 정말 흥미로운 발견을 했고, 그가 발굴한 것은 온 세상 사람들의 상상력을 사로잡았다.

프리아모스의 보물 가운데 일부를 몸에 두른 소피 슐리만

역시 프리아모스의 보물 가운데 일부인 황금 그릇. 기원전 2300년경에 만든 것이다.

발견

아크로폴리스의 에레크테이온 신전 남쪽 기둥은 여느 기둥과 다르다. 이런 여자 모습의 기둥을 "카리아티드"라고 한다. 남자 모습의 기둥은 "아틀란트"라고 한다. 그런데 이 기둥은 원래의 기둥이 아니다. 원래의 기둥은 아크로폴리스 박물관과 대영 박물관에 보관되어 있다.

이것은 로마 시대의 석상인데, 헬레니즘 시대의 고대 그리스 석상을 본떠 만든 것이다.

과거를 발견하기

고고학자는 과거를 연구하는 사람이다. 그들은 옛 문명이 남긴 것을 연구한다. 그러자면 먼저 유물을 발굴할 필요가 있다. 그들은 옛날 사람들이 남긴 여러 실마리를 꿰어 맞춰서, 진짜 역사를 알아내는 탐정이라고 할 수 있다. 그들은 남자와 여자, 어린이들이 옛날에 어떻게 살았는지를 알아낸다. 고대 그리스 사람들의 생활 방식과 예술과 기술은 훗날의 사람들에게 큰 영향을 미쳤다. 거대한 로마 제국이 고대 그리스 문명을 받아들여서 온 세상에 퍼뜨렸기 때문이다.

고대 그리스는 흥미진진한 시대

로마 사람들이 고대 그리스를 정복한 후, 조각상에서 신전에 이르기까지 모든 것을 복제했고, 수많은 고대 그리스의 생각을 발전시켰다. 고대 그리스의 원래 작품은 남아 있는 게 별로 없지만, 고고학자들은 로마 시대의 복제품을 연구해서 고대 그리스의 예술과 기술을 알아낼 수 있다.

도자기에 담긴 이야기

고대 그리스에 대한 정보를 얻는 데 가장 쓸모가 있는 것 가운데 하나는 도자기이다. 아직도 생생하게 남아 있는 도자기에 그려진 그림을 살펴보면, 수천 년 전 지중해 지역에서 사람들이 어떻게 살았는지를 알아낼 수 있다. 고대 그리스의 도자기에는 빨간색 배경에 검은색으로 사람을 그려놓은 것과, 검은색 배경에 빨간색으로 사람을 그려놓은 것, 두 종류가 있다.

사실로 밝혀진 전설

고대 그리스의 신화와 전설 가운데 아주 유명한 것으로, 미노타우로스 이야기가 있다. 미노타우로스는 머리가 황소이고 나머지 몸은 사람이다. 이 괴물은 미궁(미로로 되어 있는 궁전)에서 살았는데, 해마다 제물로 바친 일곱 명의 소년과 일곱 명의 소녀를 잡아먹었다. 전설에 따르면, 이 미궁은 괴물의 아버지인 미노스 왕이 건축가 다이달로스를 시켜서 만들었다고 한다.

1900년에 크레타 섬에서, 영국 고고학자 아더 에반스가 크노소스 궁전의 자취를 발견했다. 그것은 미로로 된 복도였다. 복도 곳곳에는 황소의 상징이 새겨져 있었다. 미노타우로스 전설이 이 궁전 때문에 생겨난 것인지, 아니면 이 궁전과 황소 숭배가 전설 때문에 생겨난 것인지는 아무도 모른다. 거기서 살았던 사람들이 자기들을 뭐라고 불렀는지는 모르지만, 아더 에반스는 미노스 왕의 이름을 따서 그들을 "미노스인", 그곳 문명을 "미노스 문명"이라고 이름 붙였다.

훔친 것인가 구한 것인가?

지난날 아주 중요한 고대 예술품 일부가 그리스에서 다른 나라로 반출되었다. 그 가운데 가장 유명한 것이 엘긴마블이라는 것이다. 마블은 대리석 작품이라는 뜻이고, 엘긴은 사람 이름이다. 엘긴이라는 영국 사람이 터키에 있을 때 많은 대리석 작품을 사들였다. 그는 19세기 초에 그것을 영국으로 가져갔다. 그는 그 작품들을 영국에서 더 잘 보관할 수 있다고 주장했지만, 오늘날 그 문제는 논란이 많다. 그 작품들은 현재 런던 대영박물관의 특별 전시실에 보관되어 있는데 그리스 정부는 작품을 돌려달라고 요구하고 있다.

발견

황소를 본뜬 이 토기는 크레타 섬에서 발달한 미노스 문명의 유물이다. 크레타 섬의 크노소스에 있던 궁전은 멋진 황소의 뿔로 궁전 꼭대기를 장식했고, 벽에는 수많은 황소 그림이 그려져 있었다. 그래서 사람들은 이 궁전이 바로 전설적인 미노스 왕과 그의 아들 미노타우로스의 실제 궁전이라고 믿고 싶어한다.

엘긴마블의 하나. 원래는 파르테논 신전에 있던 것이다. 이 대리석 돋을새김 작품은, 아테네가 훨씬 더 수가 많은 페르시아 군대를 무찌른 마라톤 전투를 기념하기 위해 만든 것으로 여겨지고 있다.

언제 어떤 일이 일어났을까?

고대 그리스 사람들은 신들을 위한 여러 신전을 지었다.

도자기는 고대 그리스 사람들의 온갖 삶의 모습을 보여준다.

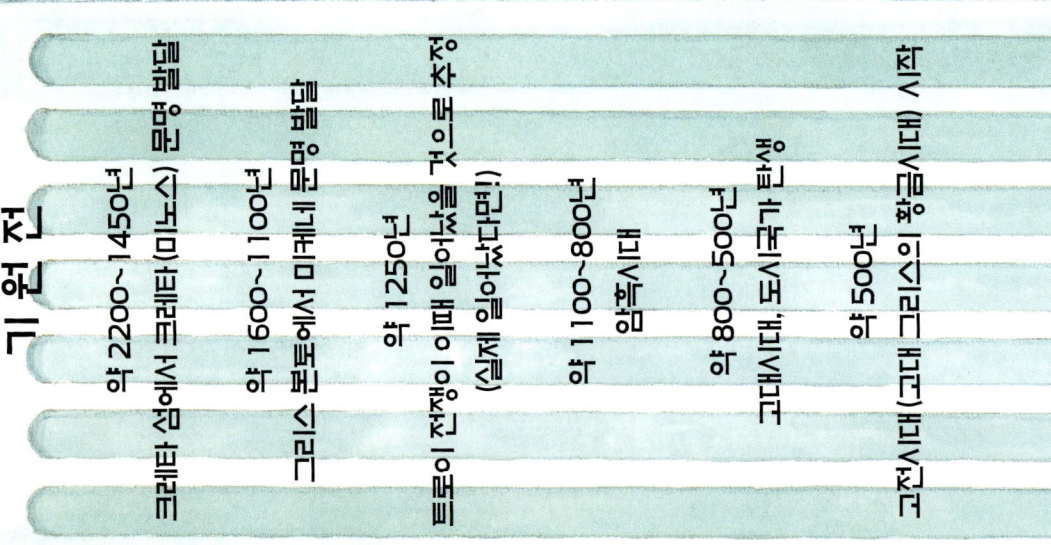

기원전

- 약 2200~1450년 크레타 섬에서 미노스 문명 번영
- 약 1600~1100년 그리스 본토에서 미케네 문명 번영
- 약 1250년 트로이 전쟁이 이때 일어났을 것으로 추정 (실제 일어났다면)
- 약 1100~800년 암흑시대
- 약 800~500년 고대시대, 도시국가 탄생
- 약 500년 고전시대, 그리스가 황금기를 이룬 시기

승리를 한 선수는 명예를 얻었다

중무장을 한 고대 그리스의 보병 (호플리테스)

- 431~404년 스파르타와 아테네 사이의 펠로폰네소스 전쟁(27년간)
- 약 336년 고전시대가 끝나고, 헬레니즘 시대 시작 알렉산드로스 대왕이 마케도니아인 왕이 되다
- 323년 알렉산드로스가 바빌론에서 사망 그의 제국이 여러 왕국으로 나뉘다
- 146년 마케도니아와 그리스가 로마 제국의 지배를 받게 되다
- 30년 마지막 헬레니즘 왕국인 이집트가 헬레니즘 시대가 끝나고 새로운 시대가 열리다

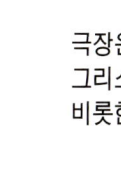

사랑과 미의 여신 아프로디테

극장은 고대 그리스에서 비롯한 것이다.

극장 살인 사건

탐정 모험 소설

임 무

고대 그리스의 도시국가인 아테네에
오신 것을 환영합니다.

아테네에서 멀지 않은 작은 읍내에 있는
"광대극장"에서 지금 이상한 일이 일어나고 있다.
이상한 일이 한두 가지가 아닌데, 이제 배우들과
합창단은 이상한 일이 우연히 일어난 것 같지 않다는
의심을 하고 있다. 정말 누군가 음모를
꾸미고 있는 것일까? 그렇다면 왜일까?

그것을 알아내는 것은 탐정인
독자 여러분에게 달려 있다.

비밀을 풀기 위해서는 도중에 나오는 여러 질문에 답해야 한다. 앞에서 읽은 내용 가운데 답이 있는데, 돋보기 속에 적힌 숫자가 바로 그 내용이 실려 있는 페이지를 나타낸다.

예를 들어, 🔍12 이 그림은 12쪽 어딘가에 답이 적혀 있다는 뜻이다.

각 답마다 점수가 있어서, 답을 맞히면 점수를 얻게 된다. 답을 맞혔는지, 그리고 몇 점을 얻었는지는 59쪽을 보면 된다.

이야기가 끝났을 때에는 범인이 누군지 말할 수 있어야 한다. 그러나 "광대극장"에서 문제를 일으킨 사람이 누군지만 알아내면 되는 것이 아니다. 이야기와 그림 속에서 단서를 찾아내서, 그 사람이 왜 범인인지 이유를 말할 수도 있어야 한다. 제대로 범인을 찾아냈는지는 60쪽을 보면 알 수 있다. 올바른 단서를 통해 범인을 찾아냈다면 보너스 점수 20점을 얻게 된다.

얻은 점수를 모두 합쳐보면, 여러분이 몇 점짜리 역사탐정인지 알 수 있다.

부디 훌륭한 역사탐정이 되길!

주요 등장 인물

하이몬
광대극장의 매니저

셀레네
극장 음악가

돌리우스
하이몬의 조수

미르틸루스
다역 배우

기아스
주연 배우
(다리를 다쳤다)

알로페
기아스의 딸

폰투스
기아스의 대역 배우

스파르타인
공식 조사관

역사 탐정 나가신다

극장의 매니저인 하이몬은 아고라에서 은밀히 탐정을 만났다.

"내일부터 조사해 줘." 하이몬이 노점에서 사과를 사는 척하며 탐정에게 말했다.

"극장 사람들은 네가 새로 온 무대 담당자인 줄 알 거야. 무대 담당자가 하는 일은, 배경 그림을 그리거나, 가면과 의상 따위를 준비하는 거야. 네가 탐정이라는 것을 아는 사람은 나밖에 없어."

"그런데 뭘 조사해야 하나요?" 탐정이 물었다.

"무슨 일이든 빠짐없이 다 조사해야 해." 하이몬이 말했다.

"지금까지 무대 뒤에서 원인 모를 불이 났고,

주연 배우인 기아스의 다리 하나가 부러졌고,

여러 가지 물건이 사라졌어…."

"누군가 광대극장에서 말썽을 일으키려는 이유가 뭐죠?" 탐정이 물었다.

하이몬은 어깨를 으쓱해 보였다. "그걸 누가 알겠어? 우리의 연극 주제는 서로 다른 민족들끼리 더욱 평화롭게 살자는 거야. 문제를 일으키지 말고 말이야. 그런데 이런 문제가 일어나다니. 이 문제를 꼭 좀 해결해주기 바래."

"최선을 다하겠어요." 탐정이 그를 안심시켰다.

"그럼 내일 극장에서 만나자. 우리는 처음 만나는 척 해야 해. 네 이름은 벨루스라고 얘기해 두었어." 그런 말과 함께 하이몬은 탐정을 남겨둔 채 서둘러 사람들 속으로 사라졌다.

"그 남자 봤니?" 물건을 사러 나온 한 여자가 친구에게 묻는 소리가 탐정에게 들렸다. "하이몬 말이야. 그가 지금은 광대극장의 매니저 일을 하고 있지만, 왕년에는 아테네 최고의 배우였잖아." "다리가 부러진 기아스가 출연하는 극장 말이지? 기아스는 아스클레피오스의 도움을 받으면 좋을 텐데." 친구 여자가 말했다. 이 말은 무슨 뜻일까? 질문1 18

이튿날 아침, 일찌감치 탐정은 극장에 도착했다. 한 소녀가 무대 앞의 "오케스트라(둥근 마당)"를 쓸고 있었다.

"안녕하세요? 새로 온 무대 담당이시죠?" 그녀가 물었다.

탐정은 고개를 끄덕였다. "내 이름은 벨루스예요." 탐정은 하이몬이 가르쳐준 가짜 이름을 댔다.

"나는 알로페예요." 소녀가 말했다.

"나는 이곳 일꾼이 아니랍니다. 그냥 일을 도와주는 거예요. 우리 아빠 성함은 가이스인데, 들어본 적 있어요?" 탐정은 고개를 끄덕였다. 갑자기 알로페가 우울한 표정을 지었다. "아빠는 다리를 다쳤어요… 요즘 이곳에서는 아주 나쁜 일이 많이 일어났어요."

"신들이 화가 났기 때문이야. 어서 연극을 그만둬야 해." 한 노인이 근엄한 얼굴로 말했다. "그런데 네가 벨루스냐?"

"네, 할아버지." 탐정이 대답했다. 탐정은 이름을 속인다는 게 꺼림칙했다.

"전에 극장에서 일해본 적이 있어?" 노인의 질문에 탐정은 고개를 저었다. "그렇다면 에키클레마가 뭔지 알아?" 노인이 다시 물었다.

탐정은 기억을 더듬었다. 에키클레마가 뭘까? **질문2** 🔍27

탐정이 대답하자 노인이 말했다. "음, 쓸만하군. 이곳 책임자는 하이몬이야. 나는 그의 지시를 받지. 너는 내 지시를 받아야 해, 알겠지? 내 이름은 돌리우스야. 자, 나를 따라와."

"오늘 첫날인데 행운을 빌어요." 알로페가 웃으며 말했다. 탐정은 서둘러 돌리우스를 따라갔.

돌리우스는 몇 시간 동안 탐정에게 줄곧 일을 시켰다. 탐정은 아무도 하고 싶어하지 않는 심부름과 짐 나르는 일 등 온갖 일을 해야 했다. 탐정은 동전 비슷한 것이 땅에 떨어져 있는 것을 발견했다.

"그런 걸로는 물건을 살 수 없을 거예요!" 알로페가 깔깔 웃었다.

동전이 아니라면 무엇일까? **질문3** 🔍21

늦은 오후, 이제 막 공연히 시작되려는 참이었다. 하이몬이 탐정 옆을 지나갔다. 그는 탐정을 모른 체했다.

"다들 잘 들어요." 그가 말했다. "나쁜 소식이 있습니다. 다리를 다친 기아스 대신 출연하기로 한 폰투스가 여태 보이질 않아요…"

모두들 깜짝 놀랐다. "어쩔 수 없이 오늘밤에는 내가 직접 출연을 해야겠어." 하이몬이 말했다. "그건 안 됩니다!" 돌리우스가 말했다. "당신은 몇 년 동안 무대에 서질 않았잖아요!"

"하지만 어쩔 수 없어요. 공연을 그만둘 수는 없으니까." 하이몬이 말했다.

'신들이 화가 났다'는 둥, '징크스'라는 둥, '악운이 겹쳤다'는 둥, 배우들이 수군거렸지만 그래도 다들 무대에 나가 연기를 했다.

탐정은 객석을 내다보았다. 극장에는 빈자리가 없을 정도로 관객이 들어차 있었다. 맨 앞줄 좌석에는 아테네에서 가장 중요한 인물들인 민회 의원들 몇 명이 앉아 있었다. 무대 앞의 오케스트라에서 합창단이 노래를 부르기 시작했다. 하이몬은 가면을 쓰고 무대로 나아갔다. 연극 공연이 계속되는 동안, 탐정은 무대 뒤에서 계속 이것저것 살펴보았다. 음악가인 셀레네가 도르래 장치처럼 보이는 낯선 물건 옆에서 밧줄을 쥐고 서 있었다.

탐정은 얼굴을 찡그렸다. 밧줄의 쓰임새는 무엇일까? **질문4** 26

셀레네가 떠나자 탐정이 다가가서 밧줄을 살펴보았다. 밧줄이 반쯤 잘려 있었다! 사고를 일으키려고 그런 게 분명했다.

그때 탐정의 추리가 갑자기 중단되었다. 끔찍한 비명소리가 들려왔던 것이다. 관중들도 놀라서 소리를 질렀다. 탐정은 재빨리 무대 앞으로 달려갔다. 하이몬이 땅바닥에 쓰러져 피를 흘리고 있었다. 그의 옆구리 깊이 칼이 박혀 있었다.

"당했어!" 하이몬이 가면을 벗으며 신음했다.

탐정은 믿을 수가 없었다. 하이몬이 죽다니! 무대 담당자가 아니라 사실은 탐정이라는 것을 알고 있는 유일한 사람이 죽어버리다니!

"정말 끔찍한 일이야." 이제서야 나타난 폰투스가 말했다. "우리 아들의 암피드로미아 의식이 늦게 끝나지 않았더라면, 오늘 밤 내가 죽을 뻔했어."

그런데 암피드로미아는 무슨 의식일까? 질문5 36

"이건 미르틸루스 탓이에요." 셀레네가 말했다. "하이몬이 죽은 건 미르틸루스 때문이라고요. 어쩌면 좋아, 정말 끔찍한 사고야."

탐정은 왜 이런 일이 일어났는지 추리해보았다. 연극에서 평화주의자인 하이몬은 악역을 맡은 미르틸루스에게 칼에 찔려 부상만 당하도록 되어 있었다.

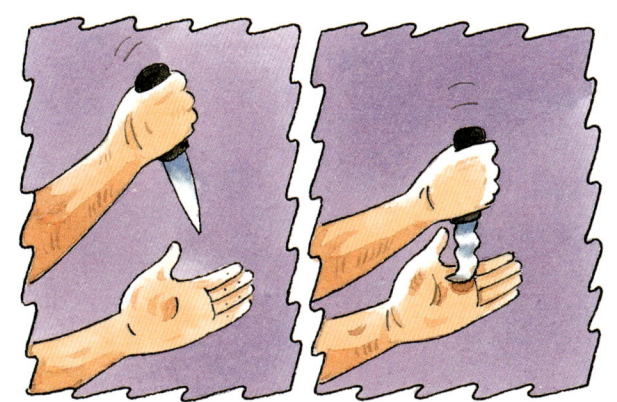

배우는 칼날을 왁스로 만든 가짜 칼을 쓰도록 되어 있었다. 칼 손잡이는 진짜 쇠로 만들었지만, 사람을 찌르면 부드러운 칼날이 납작해지면서 살 속으로 파고든 것처럼 보이게 만든 것이었다.

"나는 진짜 칼인 줄 몰랐어." 미르틸루스가 주위에 있는 배우들에게 외쳤다. "그건 정말 왁스 날을 가진 칼처럼 보였단 말이야."

"연극은 오늘로 끝이야. 더 이상 공연을 하지 않을 거야."

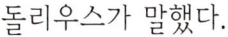
돌리우스가 말했다.

"나는 잠시라도 이곳에 남아 있고 싶지 않아. 이건 신들이 분노한 거야."

"내가 허락하지 않는 한 아무도 이곳을 떠날 수 없습니다." 누군가 말했다. 탐정이 돌아보니 덩치가 커다란 군인이 무대 끝에 서 있었다.

"당신이 뭔데 우리에게 명령을 하는 거예요?" 셀레네가 따졌다.

"사람들은 나를 스파르타인이라고 부르지." 남자가 말했다.

"나는 오늘 객석에서 관람하신 민회 의원님들의 지시에 따라 이 사건의 조사를 맡은 사람이오."

"당신이 대체 우리를 어떻게 도와줄 수 있단 말이오?" 폰투스가 아니꼽다는 듯이 말했다. 폰투스는 왜 스파르타인을 싫어한 것일까? 질문6 11

51

미행하는 탐정

놀란 관객들은 모두 떠났다. 스파르타인은 극장 사람들을 모두 무대 위에 올라서라고 지시했다. 알로페는 자기 아빠인 기아스의 손을 잡고 흐느껴 울었. "무대에 서기 전 당신에게 그 칼을 준 사람이 누구요?" 스파르타인이 미르틸루스에게 물었다. "누가 준 게 아닙니다." 배우가 대답했다. "그 칼은 평소처럼 탁자 위에 놓여 있었어요. 그래서 집어들고 연기를 한 거예요." "그렇다면 여러분 가운데 한 명이 왁스 칼을 진짜 칼과 바꿔놓은 거야." 스파르타인이 실눈을 뜨고 사람들을 쏘아보았다.

"난 아니에요." 폰투스가 말했다. "나는 미르틸루스가 무대에 올라간 후 이곳에 도착했어요."

"어쨌든 우리 가운데 하이몬이 죽길 바라는 사람은 아무도 없어요." 셀레네가 끼어 들었다. "광대극장이 문을 닫으면 우리는 일자리를 잃게 되니까요. 이건 우연히 일어난 사고인 게 분명해요. 어쩌다 우연히 진짜 칼이 그곳에 놓여 있었던 거예요."

"일자리를 잃든 말든, 나는 공연을 더 이상 계속하지 않겠어." 돌리우스가 선언했다. "이제 하이몬이… 세상을 떴으니 내가 이곳 책임자야. 이곳은 신들의 저주를 받았어! 공연은 이제 끝이야." "그럴 수는 없어요!" 화가 난 기아스가 말했다. "공연이 계속되어야 한다고 하이몬이 항상 주장했다는 걸 벌써 잊었단 말인가요?"

"조용히 좀 해요!" 스파르타인이 외쳤다. "여러분을 모두 한 명씩 조사하겠소."

"새로 왔다는 무대 담당자부터 조사하시오." 미르틸루스가 탐정을 가리키며 말했다. "너는 무대 담당자가 아냐, 안 그래? 나는 키클로스에서 네가 하이몬과 귓속말을 나누는 걸 보았어." 그러자 모든 사람이 탐정을 돌아보았다. 키클로스는 어디를 가리키는 것일까? 질문7 32

탐정은 스파르타인에게 은밀히 할 얘기가 있다고 말했다. 스파르타인은 고개를 끄덕였다. 두 사람은 다른 곳에 가서 얘기를 나누었다. 탐정은 자기 정체를 밝히고, 극장에서 무엇을 하고 있었는지 설명했다.

"아주 흥미로운 얘기로군." 조사관이 말했다. "하지만 네 얘기를 증명해줄 유일한 사람이 지금은 죽고 없어."

"내가 하이몬에게 고용되었다는 것을 증명할 수는 없지만, 내가 지금까지 탐정 일을 해왔다는 것을 증명할 수는 있어요." 탐정이 말했다. 그리고 탐정은 신분이 높은 고객 몇 명의 이름을 댔다.

"좋아." 스파르타인이 말했다. "그 말이 사실인지 알아보겠어. 아무튼 그때까지 일단 사실인 걸로 해두겠어. 계속 벨루스 행세를 하도록 해. 하지만 이제는 나한테 보고를 해야 해."

탐정은 셀레네가 반쯤 잘린 밧줄을 쥐고 있었다는 사실을 얘기해주었다.

배우들이 있는 곳으로 돌아온 탐정은 사람들과 함께 긴 식탁에 앉아서 먹고 마시며 사람들을 유심히 지켜보았다.

"언제까지 우리를 잡아둘 작정이람?" 부루퉁한 셀레네가 말했다. "대 판아테나이아 축제 때 쓰일 아테나 여신의 옷 만드는 걸 도와주러 가기로 했는데." 이 축제 때 아테나 여신의 옷은 어디에 쓰였을까? 질문8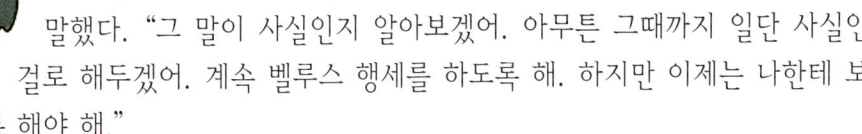

"불쌍한 하이몬." 돌리우스가 한숨을 내쉬며 말했다. "하이몬은 지금쯤 스틱스 강을 건너고 있겠

지." 스틱스 강은 어디에 있는 강일까? 질문9 15

"노인장, 그러니까 더더욱 공연을 계속해야 해요." 폰투스가 말했다. "하이몬을 기념하기 위해서라도 말예요."

"내가 다시 연기할 수 있을지 모르겠어요." 미르틸루스가 치를 떨며 말했다. 그는 여전히 탐정을 의심스러운 눈초리로 바라보고 있었다. 알로페는 자기 아버지의 잔에 포도주를 따랐다. 기아스가 한 모금 마시더니 얼른 내뱉고 외쳤다. "독이다!"

모두 화들짝 놀랐다. 알로페는 포도주 단지 속을 살펴보았다. 포도주 맛을 변하게 한 것은 독이 아니었다. 술단지 속에 뭔가 들어 있었다! 그녀가 손을 넣어 꺼낸 것은 왁스 칼이었다. 스파르타인이 성큼성큼 다가와서 말했다. "범인이 칼을 바꿔치기 한 후 왁스 칼을 이곳에 숨겼군."

"그렇다면 하이몬이 살해되었단 말인가요?" 폰투스가 놀라서 물었다.

"그래요, 폰투스. 하지만 누군가 죽이려고 한 것은 바로 당신이었소. 범인은 칼을 바꿔치기 했지만, 당신이 늦게 오는 바람에 하이몬이 대신 무대에 섰다가 당하고 만 거요." "아니, 범인이 죽이려고 한 게 나, 나였다고요?" 폰투스가 소스라치게 놀라며 말을 더듬거렸다. "그래요." 스파르타인이 고개를 끄덕였다. "여러분 가운데 한 명이 이 극장을 망하게 하려는 겁니다." 그는 돌아서서 음악가 셀레네를 바라보며 말했다. "같이 좀 갑시다. 몇 가지 물어볼 게 있소."

"나한테는 경호원이 필요해요!" 폰투스가 스파르타인을 붙들고 외쳤다. "나한테는 태어난 지 3주밖에 안 된 아들과 아내가 있어요. 나한테 무슨 일이 생기면…"

"진정해." 돌리우스가 말했다. "자네는 신전에 가서 신들에게 감사드려야 해. 자네 목숨을 구해줬으니까!"

"그래야지! 암, 그래야 하고 말고!" 폰투스는 쏜살같이 달려갔다. 스파르타인이 탐정을 바라보며 폰투스가 달려간 곳을 턱으로 가리켰다. 탐정더러 미행해보라는 뜻이었다. 탐정은 폰투스를 뒤따라갔다. 그는 시내로 향하고 있었다. 탐정은 열심히 뒤를 밟았다.

일단 아테네에 들어선 폰투스는 신전으로 향하는 듯했다. 그러나 마지막 순간에 방향을 틀더니 슬그머니 둥그런 집으로 들어갔다. 그 집은 뭘 하는 곳일까? 질문10

잠시 후 폰투스가 갑옷을 입은 군인과 함께 나왔다. "하이몬이 죽었다고?" 군인이 말했다. "그러면 모든 게 달라질 수밖에 없지. 지금은 얘기할 시간이 없으니 이따가 해가 진 후 프로필라이온에서 봅시다. 늦지 마시오."

탐정도 그곳에 가보기로 마음먹었다. 그런데 프로필라이온은 어디에 있는 것일까? 질문11

걷잡을 수 없이 커진 음모

몇 시간 후, 탐정은 아크로폴리스로 향했다. 낯익은 사람들이 보였다. 그들은 음악가 셀레네와 배우 미르틸루스였다.

"그 꼬맹이 벨루스가 나를 의심하는 것 같아요… 반쯤 잘린 밧줄 옆에 내가 서 있었거든요." 셀레네가 말했다.

"정말 걱정되는 사람은 스파르타인이에요." 미르틸루스가 말했다. "내가

고의로 칼을 바꿔치기 해서 하이몬을 찔렀다고 믿어버리면 난 끝장이야." "쉿!" 셀레네가 말했다. "저기 히마티온을 걸친 사람은 스트라테고스잖아!" 그런데 히마티온이 무엇일까? **질문12** 34

스트라테고스는 어떤 사람일까? **질문13** 22

탐정은 프로필라이온으로 올라갔다. 폰투스가 기둥 뒤에 숨어 있었다. 모자를 쓴 남자가 망토를 벗어던졌다. 폰투스를 만나기로 한 군인이었다.

"이제 어떡하죠?" 폰투스가 물었다.

"누가 하이몬을 살해했지?" 군인이 되물었다.

"미르틸루스가 그를 찔렀어요." 폰투스가 대답했다.

"미르틸루스가 하이몬을 죽였다고?" 군인은 깜짝 놀랐다.

"아무도 하이몬을 죽이려고 하진 않았어요." 폰투스가 한숨을 내쉬었다. "자네도?" 군인이 물었다. "내가 자네한테 분명히 말한 걸로 아는데? 연극 공연을 확실히 그만두…"

"쉿!" 폰투스가 말을 가로막았다. "누가 엿듣고 있어요!"

탐정은 자기가 발각된 줄 알았다. 그러나 숨어 있다가 끌려나온 것은 기아스의 딸인 알로페였다. "꼬마 스파이라도 큰 벌을 받는 수가 있어."

군인이 알로페에게 겁을 주었다.

알로페는 몸부림을 쳐서 군인의 손아귀에서 빠져 나왔다. "나는 다 들었어요!" 그녀가 폰투스를 돌아보며 말했다. "아저씨는 연극 공연을 그만두게 하려고 음모를 꾸몄어요! 우리 아빠가 다리를 다친 것도 아저씨 때문이에요. 무대 뒤에 불을 지르고, 하이몬을 죽인 것도 아저씨인 게 분명해요!"

"이 여자애는 기아스의 딸입니다." 폰투스가 군인에게 말했다. "자꾸만 일이 꼬이고 있어요." 군인은 알로페의 팔을 다시 붙잡았다. "네가 방금 들은 말을 그대로 믿는다면, 이 말도 믿어야 해."

그리고 그는 다급하게 말했다. "폰투스가 하이몬을 죽이지 않았다고 말하면, 그는 죽이지 않은 거야."

"살인자!" 알로페가 몸부림치며 외쳤다. "놓치면 안 돼요!"

폰투스가 외쳤다. "이 여자애는 얼마 전 헤라이아 경기에서 우승을 했어요." 이 말은 무슨 뜻일까? 질문14 25

알로페는 재빨리 군인의 손아귀에서 빠져나와 아크로폴리스 아래로 달아나기 시작했다. 폰투스가 그녀를 뒤쫓아가려고 했다.

"내버려두게." 군인이 말했다. "여자애가 우리를 어떻게 할 수는 없어. 연극 공연은 중단되었고, 자네는 임무를 완수했어. 하지만 말해보게. 대체 누가 칼을 바꿔치기 해서 하이몬을 죽게 한 거지?"

폰투스는 아무 대답도 하지 않고 두루말이를 군인에게 건네주고 말했다.

"제 보고서입니다. 이제 저는 돌아가겠어요."

두 남자는 헤어졌다. 탐정은 군인을 따라가기로 마음먹고 뒤를 따라갔다. 뒤를 돌아본 군인은 탐정이 쫓아오는 것을 보고 재빨리 모퉁이를 돌다가 기아스와 부딪치고 말았다. 기아스는 목발을 놓치고 땅에 쓰러졌다. 군인은 손에 든 두루말이를 놓치고 말았다. 두루말이는 못을 스치고 지나가며 찢어져서 바람에 날렸다.

탐정은 재빨리 달려가서 못에 달라붙은 종이조각을 얼른 잡아채서 읽어보았다. 종이조각에 적힌 키타라는 무엇을 가리키는 것일까? 질문15 29

탐정은 그동안 조사한 모든 것을 스파르타인에게 보고했다. 그러자 스파르타인이 말했다. "그동안 나도 바빴어. 왁스로 만든 가짜 칼과 바뀐 진짜 칼을 조사해보았지. 진짜 칼은 무대 뒤에서 잡일을 하는 데 쓰이던 것이었어. 주인 없는 칼이었던 거야."

스파르타인이 계속해서 말했다. "나는 또 중요한 걸 알아냈지. 스트라테고스와 같은 사람들이 왜 연극을 그만두게 하려고 했는지 이유를 알아내어. 그들은 아테네 사람들과 우리 스파르타 사람들이 친하게 지내는 것을 싫어했던 거야."

그래서 평화를 주장하는 이번 연극을 중단시키려고 한 거지. 그렇다고 살인까지 해야 했을까? 아무튼 이번 사건의 범인이 폰투스인 건 분명해."

탐정은 혐의자들의 목록을 그에게 건네주며 말했다. "이번 사건의 전말을 알겠어요. 그런데 극장에서는 분명한 사실로 보인다고 해서 꼭 사실인 것은 아니에요."

광대극장에서의 살인 사건 혐의자

돌리우스—아주 음산하고 미심쩍다. 연극을 그만둬야 한다고 늘 주장했다.

기아스—다리가 정말 부러졌는지 의심스럽다.

셀레네—도르래 장치의 반쯤 잘린 밧줄을 쥐고 있었다.

미르틸루스—실제로 하이몬을 찌른 사람. 진짜 칼인 줄 알면서도 찔렀을 수 있다.

폰투스—여러 가지로 혐의가 짙지만, 그는 정말 하이몬을 죽일 생각이었을까?

이들 가운데 누가 하이몬을 죽이려고 했을까?

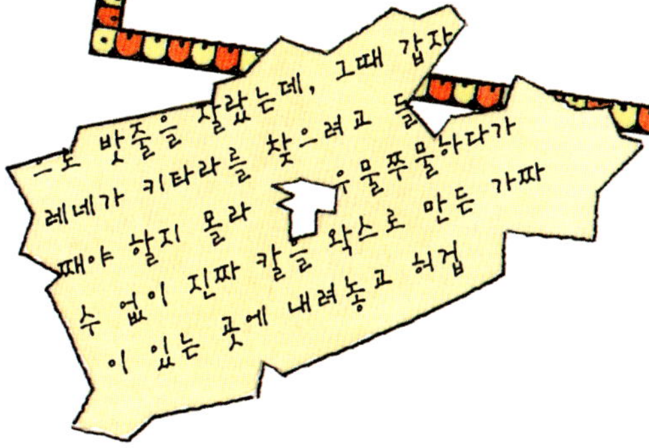

...도 밧줄을 잘랐는데, 그때 갑자기 셀레네가 키타라를 찾으려고 돌아와야 할지 몰라 우물쭈물하다가 수 없이 진짜 칼을 왁스로 만든 가짜 이 있는 곳에 내려놓고 튀겁

해답과 점수

각 해답 다음에 점수가 적혀 있다. 이곳에 적힌 해답을 보지 않고 답을 맞혔다면 그 점수를 얻게 된다. 그리고 광대극장의 매니저인 하이몬을 죽게 한 사람을 밝혀내면 보너스 점수를 얻게 된다.

질문1 아스클레피오스는 의술의 신이다. 아스클레피오스의 도움을 받으면 기아스의 다친 다리를 고칠 수 있다는 말을 한 것이다. … 5점

질문2 "에키클레마"는 바퀴 달린 일종의 침대이다. 그 위에 얹힌 배우가 스케네 밖으로 굴려나오면 그 배우는 살해되었다는 뜻이었다. 고대 그리스에서는 무대에서 사람을 죽이는 연기를 하는 것이 금지되었는데, 나중에 그것이 허용된 후에도 장면을 바꾸기 위한 장치로 에키클레마가 사용되었다.… 5점

질문3 투표용지 대신 쓰인 것이다. 재판에서 피고가 유죄라고 생각한 배심원이 제출한 것이다.… 5점

질문4 이 도르래 장치는 배우들이 날아가는 연기를 할 수 있도록 나무 기중기를 움직이는 장치이다. … 5점

질문5 아기가 태어난 지 열흘 후 화로 앞에서 아기 이름을 지어주는 의식이다. … 6점

질문6 도시국가 스파르타는 아테네와 자주 전쟁을 했다. 그래서 폰투스는 스파르타인을 적으로 생각한 것이다.… 6점

질문7 키클로스는 아고라에서 노예를 사고 파는 곳이다. 미르틸루스는 전날 시장에서 탐정이 하이몬과 함께 있는 것을 본 것이 분명하다.… 6점

질문8 대 판아테나이아 축제는 아테나 여신을 기리기 위해 4년마다 열린 축제이다. 이 축제 때 아테나 여신의 커다란 옷을 돛대에 매달아서 돛으로 썼다.… 5점

질문9 고대 그리스에서는 사람이 죽으면 그의 영혼이 저승에 간다고 믿었다. 저승에 가려면 먼저 스틱스 강을 건너야 했다. … 5점

질문10 의원들이 회의를 하는 곳이다. 그런 집을 "톨로스"라고 한다. … 5점

질문11 프로필라이온은 아테네 아크로폴리스의 성역으로 들어가는 문루이다. … 6점

질문12 히마티온은 망토나 숄처럼 두른 겉옷이다. 남자의 경우에는 히마티온으로 몸을 둘둘 감고 남은 부분을 한쪽 어깨 뒤로 넘겼다 (이 그림에서는 히마티온 위에 망토를 걸쳤다). … 5점

질문13 스트라테고스는 아테네의 장군인데, 보통의 장군보다 더 계급이 높다. 스트라테고스는 10명이 있었는데, 이들은 민회에서 결정된 정책을 집행했다. … 6점

질문14 헤라이아 경기는 여자들이 참가할 수 있는 경기였다. 여자들은 세 가지 종목의 달리기를 했다. 알로페가 우승을 했다면 아주 빨리 잘 달린다는 뜻이다. … 5점

질문15 키타라는 하프나 리라와 닮은 악기이다.… 5점

누가 왜 범인일까?

광대극장의 여러 배우들의 행동이 모두 수상쩍다. 탐정은 셀레네가 반쯤 잘린 밧줄 옆에 서 있는 것을 보았다. 그리고 아크로폴리스로 가는 길에 셀레네가 미르틸루스와 나눈 이야기도 야릇하다. 그러나 실제로 셀레네가 밧줄을 잘랐다는 증거는 없다. 그리고 두 사람이 나눈 이야기도 누명을 쓰게 되는 것을 걱정하는 것에 지나지 않을 수도 있다.

기아스의 대역인 폰투스는 가장 혐의가 짙은 인물이다. 그가 군인과 나눈 대화로 미루어볼 때, 폰투스는 연극을 중단시키려고 했던 것이 분명하다. 그러나 아테네인과 스파르타인이 평화롭게 지내자는 연극을 중단시키기 위해 사람을 죽이기까지 해야 했을까? 폰투스는 자기 아들의 암피드로미아 의식(아기가 태어난 지 열흘 후 화로 앞에서 아기 이름을 지어주는 의식) 때문에 늦게 왔다고 말했다. 그러나 나중에 그는 스파르타인에게 이렇게 말했다. "나한테는 경호원이 필요해요! 나한테는 태어난 지 3주밖에 안 된 아들과 아내가 있어요." 이 말이 옳다면 암피드로미아 의식은 이미 11일 전에 치렀을 것이다.

그는 또 스파르타인에게 이렇게 말했다. "난 아니에요. 나는 미르틸루스가 무대에 올라간 후에 이곳에 도착했어요." 그는 늦게 왔기 때문에 칼을 바꿔치기 할 시간이 없었다지만, 그것은 사실이 아니다. 그는 공연이 시작되기 전에 왔다.

50쪽 그림에서 가면을 쓰고 있는 사람은 폰투스이다. 여러 그림을 살펴보면 폰투스가 계속 같은 팔찌를 차고 있다. 또 가면을 쓰고 있을 때 걸친 망토는 나중에 프로필라이온에서 걸치고 있는 것과 같은 망토이다.

폰투스가 포도주 단지에 가짜 칼을 빠뜨렸다는 것을 암시하는 단서도 있다. 51쪽 위 그림에서 포도주 단지에는 마개가 있는데, 그 아래쪽 그림의 단지(스파르타인 뒤쪽의 단지)에는 마개가 없다. 52쪽에서 무대에 걸터앉은 폰투스가 오른손에 들고 있는 것이 바로 그 마개이다!

프로필라이온에서 군인과 폰투스가 나눈 대화는 아주 중요하다. 그 대화는 극장 "사건"의 배후인물이 폰투스라는 것을 강하게 암시한다. 그러나 폰투스가 하이몬을 죽이지 않았다는 것을 암시하기도 한다. 폰투스는 이렇게 말했다. "아무도 하이몬을 죽이려고 하진 않았어요." 그는 그런 사실을 어떻게 알고 있을까?

하이몬의 죽음이 사고였기 때문이다. 폰투스의 보고서 종이조각을 잘 살펴보면 사건의 전말을 알 수 있다. 전말은 다음과 같다. 변장을 한 폰투스는 밧줄을 자르기 위해 몰래 무대 뒤로 숨어 들어갔다. 그는 칼을 집어들고 밧줄을 썰었는데, 그건 왁스로 만든 칼이었다! 밧줄이 잘리지 않자 그는 다른 칼을 찾아서 밧줄을 반쯤 잘랐다. 그 순간 셀레네가 다가오는 소리를 들었다. 셀레네가 키타라를 가지러 온 것이다(셀레네가 반쯤 잘린 밧줄 옆에 서 있을 때, 그녀가 들고 있는 악기가 바로 키타라이다). 폰투스는 손에 칼을 든 모습을 들키지 않으려고 재빨리 진짜 칼을 가짜 칼이 놓였던 자리에 내려놓았다.

그후 미르틸루스는 진짜 칼인 줄 모르고 그 칼로 하이몬을 찔렀다. 하이몬은 폰투스 때문에 죽게 된 셈이지만, 폰투스는 그럴 생각이 전혀 없었다. 따라서 하이몬의 죽음은 단순한 사고였다. 하이몬의 죽음 때문에 벌을 받아야 할 사람은 아무도 없다.

역사탐정에게 드리는 말씀

몇 문제를 맞혀서 몇 점을 받았는지 합해보세요. 질문 15개를 모두 맞혔다면 80점. 하이몬을 죽게 한 사람이 누군지, 그냥 짐작으로 맞혔다면 보너스 10점. 짐작이 아니라, 여러 가지 단서를 발견해서 확실히 알아맞혔다면 보너스 20점.

몇 점을 받았나요?

 90점에서 100점 사이라면, 최고의 역사탐정이라고 할 수 있다! 답을 맞힌 것뿐만 아니라, 범인이 누군지 확실한 단서를 찾아낼 수 있었다면 정말 대단히 총명한 것이다. 75점에서 89점 사이라면 아주 뛰어나다! 장차 훌륭한 역사탐정이 될 소질이 있다. 60점에서 74점 사이라면 괜찮은 실력이다. 그것도 결코 낮은 점수가 아니다. 훌륭한 역사탐정이 되려면 좀더 노력을 해야겠지만, 문제를 어떻게 해결하는지 알고 있으니 조금만 더 노력하면 된다. 50점에서 59점 사이라도 쓸만하다. 명탐정 상을 받기는 어렵겠지만, 괜찮은 탐정이 될 수 있는 소질이 있다. 50점 이하라면? 아이고. 탐정 공부를 열심히 해야겠다. 다음에는 더욱 잘 하길!

낱말풀이

아테네
아테네는 고대 그리스어로 "아테나이Athenai", 현대 그리스어로는 "아티나이Athinai", 영어로는 "애신스Athens", 프랑스어로는 "아텐Athenes", 독일어로는 "아테엔Athen"이라고 말한다. 그런데 왜 우리는 "아테네"라고 할까? 맨 처음에 누군가 얼떨결에 "아테네"라고 쓴 것이 널리 알려지는 바람에 "아테네"로 굳어버린 것 같다. 그런데 영어와 프랑스어와 독일어가 모두 아테나 여신을 "Athene(아테네)"라고 쓴다.

민주주의
국가의 주권, 즉 주인으로서의 권리가 국민에게 있고, 국민을 위해 정치를 하는 제도. 민주주의가 아닌 것으로는 군주제, 귀족제, 독재체제 등이 있다. 민주주의라는 말을 만들었고, 처음으로 민주주의 정치를 펼친 것이 바로 고대 그리스 사람들이었다. 민주주의가 영어로는 democracy(디마크러시)인데, 그리스어로는 democratia(데모크라티아). "demo(demos)"는 "인민", "cratia(cratos)"는 "지배(다스림)"를 뜻한다. 그래서 민주주의는 왕이나 귀족이 아닌 인민이 나라를 다스린다는 뜻이다. 그런데 고대 그리스에는 노예가 워낙 많았기 때문에, 그때의 민주주의는 모든 인민이 아닌 소수 시민들만의 민주주의였다.

노예한테는 권리가 없고 의무만 있었다. 아무리 열심히 일을 해도 보수를 받지 못했고, 그저 주인의 "소유물"일 뿐이었다. 큰 죄를 지은 사람이나 포로로 잡힌 적이 노예가 되었고, 노예의 자식도 노예가 되었다.

민회
아테네 시민들의 모임. 처음에는 아고라(장터)에서 열렸고, 다음에는 푸니쿠스 언덕에서, 그리고 기원전 4세기 이후에는 디오니소스 극장에서 열렸다. 1년에 40번쯤 열렸다. 아테네에서 민주주의 정치가 펼쳐졌을 때 민회는 최종적으로 모든 나랏일을 결정하는 최고기관이었다.

헬레니즘 시대
고대 그리스의 "황금시대"인 고전시대(480-336BC) 다음의 시대. 마케도니아의 알렉산드로스 대왕이 거대한 제국을 세우고, 고대 그리스의 땅까지 정복해서 그리스 문명과 오리엔트 문명이 하나로 합쳐짐으로써 헬레니즘 시대가 시작되었다. "헬레니즘"은 "그리스인처럼 행동하다"라는 뜻의 그리스어 "헬레니제인hellenizein"에서 나온 말이다. 헬레니즘은 헤브라이즘과 함께 유럽 문화의 뿌리를 이루게 되었다. 헤브라이즘은 헤브라이 사람(오늘날의 이스라엘 사람)들의 사상과 종교를 뜻한다.

미궁(그리스어로는 라비린토스Labyrinthos)
미로로 되어 있는 궁전. 전설에 따르면, 미노스 왕은 미궁에 사는 미노타우로스의 먹이로 해마다 아테네의 소년과 소녀를 각각 일곱 명씩 바쳤다. 3년째 되는 해에 영웅 테세우스가 이 괴물을 물리치기 위해 소년 일곱 명 가운데 섞여 미궁에 들어갔다. 이때 미노스 왕의 딸 아리아드네가 실뭉치 하나를 주었다. 테세우스는 실을 풀면서 미로 속으로 들어갔다. 그리고 미노타우로스를 해치운 후 실을 붙잡고 무사히 미로 밖으로 나올 수 있었다.

찾아보기

ㄱ
가면 26
거울 10, 35
고고학자 23, 37, 38, 40
귀족 20, 22, 61
그라마티스테스Grammatistes 36
극장 26, 27

ㄴ
놀이 22
농사 8, 30
니케Nike(승리의 여신) 17

ㄷ
데메테르Demeter 15, 17
도자기 8, 21, 31, 35, 38, 40
도시국가 9, 12, 20, 32
동전 15, 21, 32, 33
디오니소스Dionysus 14, 16, 26, 36

ㅁ
메토이코이Metoikoi 20
(영어로는 Metics)
모자이크 10, 11, 13
무역 13, 32, 34
미궁Labyrinth 41, 60, 61
미노스 문명Minoans 41
미노타우로스Minotaur 40, 41, 61
미케네 문명Mycenaeans 8
민주주의 20, 60, 61
민회Assembly 20, 50, 58, 60

ㅂ
배심원 21, 58

ㅅ
삼지창Trident 13
스트라테고스Strategos 22, 54, 55
스틱스Styx(강) 15
시 28
시민 16, 20, 21
소크라테스Socrates 10
스파르타Sparta 9, 11, 20, 36, 38
스포츠 24
신비의식Mysteries 15, 16
신전 9, 12, 13, 16, 28, 40

ㅇ
아고라Agora(시장) 12, 26, 34, 48
아레스Ares(전쟁의 신) 14
아르키메데스Archimedes 10
아르테미스Artemis(달의 여신) 13
아스클레피오스Asclepius
(의술의 신) 18, 19, 48
아크로폴리스Acropolis 12, 13, 16
아테나Athene 12, 13, 14, 16, 17
아테네Athens 8, 12, 13
아폴론Apollo(태양신) 15, 18, 24
아프로디테Aphrodite
(사랑과 미의 여신) 15, 29, 42
알렉산드로스 대왕 9, 11, 61
약 18
어린이 36, 40
에레크테이온Erechtheum 16, 40
엘긴마블Elgin Marbles 41
엘레우시스Eleusis 16
엘리시온Elysian Fields 15
연극 26, 27
오디세이아Odyssey 10
오스트라콘Ostrakon 21
올리브 나무 8, 13, 30
올림포스 산 8
올림픽 게임
옷 32, 34, 35
"유레카Eureka!" 10
육군 20, 22
음악 15, 26, 37
음유시인Rhapsode 29
의사 16, 18
일리아스Ilias(영어로는 Iliad) 10

ㅈ
전차 24
절대군주Tyrants 20
제우스Zeus 14, 17, 24
죽은 뒤의 삶(내세) 15
지하세계(저승) 14, 15

ㅊ
축제 14, 16, 26, 36

ㅋ
카론Charon(저승의 뱃사공) 15
케르베로스Cerberus 15
켄타우로스Centaur 18
코린토스Corinth 9, 24
크노소스Knossos 40, 41
크레타Crete 8, 40
키타리스테스Kitharistes 36

ㅌ
타르타로스Tartarus 15
톨로스Tholos(회의실) 12, 20
투키디데스Thucydides 10
트라이림Trireme 22

트로이 전쟁Trojan War 8, 10
트리티에스Trittyes 20

ㅍ
파르테논Parthenon 10, 13, 14, 41
파이다고고스Paidagogos 36
파이도트리베스Paidotribes 36
판아테나이아 길
Panathenaic Way 16
페르세포네Persephone 17
페리클레스Pericles 12
펠로폰네소스 전쟁
Peloponnesian War 11
포세이돈Poseidon 13, 14, 24
폴리스Polis(복수형은 Poleis),
도시국가 9, 12
프로필라이온Propylaion(문루)
11, 14
플라톤Plato 11

ㅎ
하데스Hades(Pluto) 14, 15, 17
학교 11, 36
해군 20
헤라Hera 여신 15, 20
헤라클레스Heracles 15
헤르메스Hermes(신들의 전령) 15
헤스티아Hestia(화로의 여신) 15
헤타이라Hetaira(기생) 28
헬레니즘 시대Hellenistic Age
9, 10, 28, 29, 34, 40
호메로스Homer 10, 39
호플리테스Hoplites(중장보병)
22, 23, 43
히포크라테스Hippocrates 18, 19